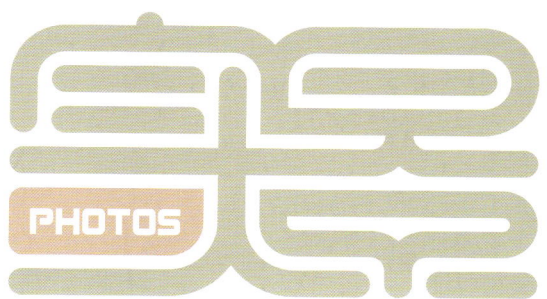

目录
实践教学
STUDY ON THE SPOT

第一章 实景照片的构图处理
不同构图类型的展示与诠释 /04
空间的切割 /05
点、线、面的位置与比例分布 /05

第二章 实景照片色调的训练
如何处理不同的色调 /06
变调训练 /08
色调默写 /09

第三章 色稿与照片对照讲解
水果类色稿与照片对照讲解 /10
蔬菜类色稿与照片对照讲解 /12
花卉类色稿与照片对照讲解 /14
文体用品类色稿与照片对照讲解 /16

第四章 实景照片与作品对照 /28

第五章 实景照片展示
水果类 /34
器皿类 /76
蔬菜类 /90
花卉类 /122

第六章 默写训练 /156

实践教学
STUDY ON THE SPOT

近年来，不少高考美术院校在考试以及考题的形式上做了一些变化，在传统的写生、默写方式的基础上增加了"画照片"这一形式。"画照片"相当于半默写，既减轻了"默写"给考生带来的难度，又为考察学生综合能力提供了可能性和足够的空间。本书针对高考要求编排训练内容，在实景照片与画面对照中贯穿全面而详尽的知识点供大家学习，深入浅出，言简意赅。前几章节从最基础的构图切入，到如何利用实景照片学习归纳色调及灵活变调能力的掌握；到实景照片不同题材完整画面的训练等。

一、实景照片的构图处理
二、实景照片色调的训练
三、色稿与照片对照讲解
四、实景照片与作品对照

第一章 实景照片的构图处理

1 不同构图类型的展示与诠释

a、从视角来说

可分为常规性构图、平视、俯视、仰视构图。

常规性构图画面平稳朴实,平视画面易于表现立面与平面的关系,俯视构图容易表现空间、开阔,仰视构图画面给人庄重肃穆的感觉。

在刻画照片静物时要根据不同的静物组合的视觉感受和透视角度,以及画面要求,合理运用构图。

构图是构成画面的第一步,也是画好照片静物最重要的步骤之一,从照片过渡到画面,"构图"的目的在于增强画面的表现力,最好的表达内容,使画面生动富有灵魂。更能使主题鲜明、突出。

结左下图具体认识一下构成画面的这些必要的因素。一组静物,在物体繁多的情况下,怎么摆放好看就成了比较棘手的问题。这个时候大家一定要理清头绪,要"突出"什么"弱化"什么。

这组静物整体看构图大小适中(物体较多的情况下构图不要太多太满,留有空气感)构图饱满均衡,左右两端的芒果距离纸边的距离差不多且并没有放在一条线上,做到了画面的"相对均衡"避免了"对称"。物体有大有小、有高有矮、有胖有瘦、有粗有细;有的挤在一起,有的单独存在,有的三两结伴。高低有序,错落有致。构成了很有节奏的画面。物体有前有后的摆放,上紧下松。大大加强了画面的空间感。在处理主次上,要有自己要表达的视觉中心,水果盘这部分、酒瓶和罐子处在视觉中心的位置,要表达谁就刻画谁,谁就是主体。要头脑灵活学会自己主控画面的能力。

b、从形式上说

可分为横构图和竖构图。

横构图:画面有稳重、朴实、沉着等特点,采用横构图画面视野宽广。尤其是三角形构图,三角形构图中做好三个点的定位很重要。

竖构图:表现画面纵深感强烈,有利于强化画面层层推进的空间表现,同时比较容易营造画面曲折的流动感和生动性。

c、从规律上来说

构图要大小适中,左右平衡。注意画面上紧下松的疏密关系,近大远小的透视关系;主次关系,高矮、胖瘦、方圆、等形状的变化。

d、常见的构图形式

具有形式感是构图的基本要求,常用的构图形式有:三角形、四边形、圆形、"C""S"型、垂直线、对角线、复合型构图等。

三角形构图给人稳定朴实的感觉　　　　四边形有一种冲击力,给人一种有力量的感觉。

圆的周围存在一种张力,圆周上的每一点彼此相互吸引,具有凝聚力,有利于突出中心。　　斜线具有运动感,对角线形式感很强,有利于强调画面的动感。

垂直构图给人以宁静、崇高、严肃、静止的感觉,并能使画面的空间感向上下延伸。多垂直物的时候可用垂直构图。　　复合型构图是指画面里又多做出一个空间,画面复杂了一个层次,这种构图使画面层次感很强主次鲜明。

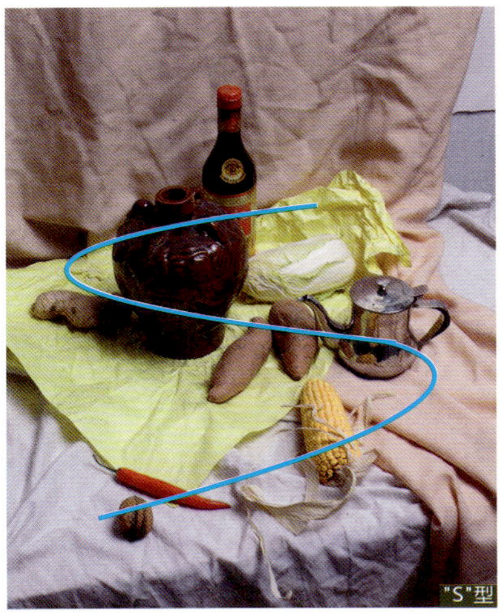

"C"和"S"型都属于曲线构图,曲线在画面中有纵深的延伸感,偏俯视的角度用曲线构图能很好的起到串联作用。表现空间感常用这种构图。

2、空间的切割

黄金分割和九宫格分割

黄金分割律是按照黄金分割比例，这点符合多数人的审美要求，图中四个黄金分割点都可以利用。安排画面的时候把主体物安排在画面的结构中心，能产生和谐的美感。

九宫格分割是中国传统的构图模式，在画面上画出九个相等的格子，其中四条线的交汇点是人的眼睛最敏感的地方，主体可以安排在这四个点上可以突出主体均衡画面。

画面空间分割：前景、中景、后景

便于大家能够合理的安排物体的位置，很好的表现出画面的空间感，可以将画面分隔成前景、中景、背景（后景）三部分。

前景为桌面最前端到物体摆放密集这部分，一般前景物体较少而分散。中景为视觉中心这一带——主体物以及周围的物体，这部分物体多而集中；后景为主体物以及以后的物体或空间背景。

色块的构建在空间中的作用

色块在画面上的空间分割主要是通过衬布的分割来实现的，衬布占有画面大面积位置。衬布虽然不是主体物在画面中起衬托作用，但它却在画面整体感上发挥着无足轻重的作用。

结合右图分析一下一张完整的静物组合，看看衬布的面积和形状在画面中的作用。绿色衬布占据了大面积的位置构成了主衬布，同时近宽远窄的造型有力的表现了空间。格子衬布次之，以条带形式与绿衬布交叉出现很好的活跃了画面，并串联了上面的物品。主体物在画面中一定要大于其它物体体现它的主体地位，其他物体大大小小，疏密有序的安排在它的旁边。保持近大远小、上紧下松的构图原则就可以做好构图。

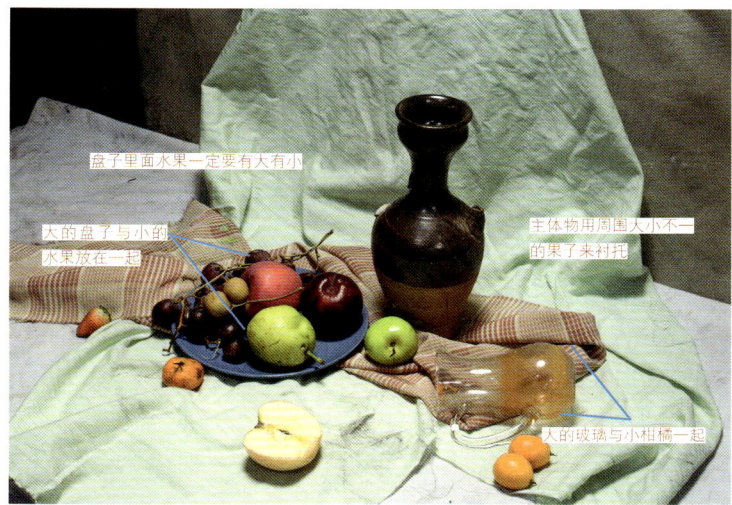

各部分之间的大小比例关系要根据不同静物传达出来的感情氛围的不同而灵活运用。重点注意三种空间的虚实与主次关系。

构图时一定要注意平面面积大里面面积小，衬布的走向要有前后趋势，要近宽远窄，物体大小节奏有序，更好的表现空间。

3、点、线、面的位置与比例分布

画面中的点：体型小的物品（如小番茄，板栗、草莓等）物体在画面中的落点，水果的坑儿、窝儿，高光等充当画面里的点。

画面中的线：物体的轮廓线，衬布的外轮廓线及布褶，线性的东西（如花枝、筷子、勺子等）充当画面里的线。

画面中的面：在画面中以面的形式出现的、大色块的分割如衬布、桌面、地板、墙壁、盘子主体物等。

右图这组静物组合很好的诠释了点、线、面在画面构成上的作用。高的不锈钢水壶在大大小小的众物体中突显出来，方、扁的盘子与圆圆的茶壶的对比，草莓和琵琶在画面中以"点"的形式出现，有密有疏，丰富了画面的层次使画面高低起伏错落有致。

第二章 实物照片色调的训练

1、如何处理不同的色调

色调是画面里通过颜色的组合形成的和谐统一的色彩倾向，是画面中色彩的总体倾向。一幅画面中的色调主要是由画面中面积较大的那部分颜色来决定的。色调是一幅画的灵魂，同样，在照片中，色调的意义也一样重要。

好的实景照片的色调具备哪些元素：

①从色相上讲：色彩倾向明确，具有鲜明的色彩感。

②从色性上讲：冷色调、暖色调和中性色调等色性倾向明确。

③色调的调性呈现高级灰度，有美感又呈现色彩涵养。

④明度适中响亮，充分发挥色彩的光泽。

⑤色调对比色强烈的，注意对比色的和谐统一性。

a、色彩的搭配

同类色的搭配：红色系里的搭配；黄色系里搭配等同一色系之间的搭配。

邻近色的搭配：红色和黄色，黄色的绿色，绿色和蓝色。

补色的搭配：红色和绿色，黄色和紫色，蓝色和橙色。

b、同类色的处理

"同色相，对比冷暖和明暗"

同类色是同一个色系的色彩之间的搭配，比较难画，色彩对比没有那么强烈这就要求抓住同类色之间微弱的变化，色相相同便从明度和冷暖去找物体之间的变化。处理好同类色画面会很唯美、耐看。

图中粉红色调这组静物作者抓住了上面这个衬布相较于下面这块儿重一些、冷一些的特点。所有的物体和水果都往暖红、黄里稍作倾向，又不乏小面积冷色的小碗和勺子的对比处理。画面层次清楚同时又统一在暖红色调里，给人温暖舒适的感觉。蓝色调这组也是同样的处理，上边衬布的蓝明显重些、冷些，整个画面统一在蓝色的笼罩下和谐统一。

c、对比色的统一

对比色调包括邻近色之间的搭配和补色之间的搭配，对比色调好画，因为色彩关系对比强烈较容易把握不同物体的色相，但画好对比色实则不易，难在如何能把不同的色相用同一个关系把它们融合为和谐的整体。

对比色调，暖粉红衬布与暖褐色搭配，粉红衬布中偏明显有黄色成分，作者主观的夸大了褐色衬布中的黄色成分，再加上所有的物体中都有黄色成分，这样画面因为黄色的笼罩形成了色调和谐统一的整体。

右下角对比色调中衬布为补色关系这更加大了处理的难度。摆放时补色关系可以按照以下方面（一大一小，一纯一灰，一明一暗）两个衬布切记都纯度要太高对比太强，降低纯度可以减弱对比，其中一个颜色可以往另一个颜色里靠拉近二者之间的关系。

d、冷暖色调转换

冷暖色调的把握，对于很多考生来说都是模棱两可，感觉不是太容易理解。但很多学校在考题上明确规定了冷、暖色调难住了很多同学。色调的冷暖是从色性上来分的，大家知道接近"火"的颜色偏暖如：红、橙、黄；接近冰山如：蓝、蓝紫色偏冷。根据哪种颜色占据画面面积大而带来的视觉感受而定。（右图两副相对而言上为暖色调下为冷色调）

右图两幅冷暖色调冷暖对比强烈容易判断，也是比较容易把握的，但冷暖绝非仅此两个极端。大家往往忽略冷暖"相对"的概念。其实任意两幅不同色调相比较都有冷暖，冷色调中有暖色暖色调中不乏冷色，是"你中有我，我中有你的"的关系。决定了偏冷或偏暖在于谁的比例大。

冷暖色调转换主要是转换大面积的衬布的颜色从而转换受此影响下的物体的颜色，物体的转变不是很大只需要改变环境色即可，固有色可根据画面需要稍作调整。

e、色调的整理与小色块的概括与整理（瓜果蔬菜等物体的色彩）

怎么整理色调？
先整体观察静物中背景、衬布、物体之间哪种色彩占得比例大，若衬布颜色与主要静物的颜色一致就基本决定了该画面的主要色调，画面占主要位置、大面积的衬布颜色决定了画面主要色调。

小色块的概括与整理
小色块主要指画面中除主体物和衬布等大色块以外的其它物体的颜色。这些小色块是主体物的陪衬是点缀色，面积虽小但是丰富画面不可或缺的一部分。怎样整理这些小色块，这组静物整体色调偏灰，水果相较于衬布和罐子纯度应该稍高一些，水果颜色干净新鲜体现水果的质感同时又构成了整体灰色画面中特别提神的一部分。

概括小色块时要从以下几个方面来把握：
①色块在画面空间层次上的概括比较
（右图）红色衬布背景部分明显偏蓝紫、偏冷视觉上向后退，前半部分加了黄色成分明显偏暖在视觉上向前走，联系上又有对比使空间层次明确。
②物体亮、灰、暗投影之间的色块对比
将整幅画面进行色块剖析，各个色块间都存在密切的联系。罐子、香蕉、桔子、梨以及投影等明暗和冷暖相互依存。（图中详解）
③同类色物体之间的色块对比
要特别注意同类色的区分和对比运用，这组静物里，主体物罐子、偏土黄的衬布、香蕉、梨子、橙子都属于同类色，怎么区分呢，给它们归纳色相，香蕉偏淡黄，梨偏柠檬黄，橙子偏橘黄。为了更好的统一在这个暖灰调子里作者将水果的颜色纯度降低减弱了它们之间的对比。
④不同色块之间的相互协调
绿色的小碗加入了黄、白、红降低纯度使它在环境中不会太孤立。

2、变调训练

变调训练目的在于通过多张同组静物不同色调的对比训练，锻炼把握实景照片色调的能力。

变调训练是同一组静物，在不改变实景物体结构的情况下，来重新组织画面的色彩搭配改变画面色彩的总体倾向。变调练习能迅速提高我们谐调和驾驭画面的能力，主动地去探索和尝试多种色调的可能性。从而轻松自如的应对不同类型的考试。

训练的初期为了大家尽快掌握变调能力，可以变换不同的衬布颜色不换物体来进行实物变调写生练习，这是个观察和积累的过程。要求大家仔细观察同样的物体在不同衬布环境下发生了什么变化，主要是各个物体的环境色随着主调的变化而呈现出来的变化。

这个过程也是我们尝试哪些颜色搭配起来比较好看的重要阶段，是学习色彩，训练色彩色调控制力的非常重要的环节。在改变物体或衬布的固有色的基础上可以主观的变换其它色彩倾向的色调，并对颜色进行冷暖、明度和纯度上的调整加强画面的美感。

进行练习的时候注意由于主衬布的改变引起的白衬布、白盘子、不锈钢勺子和透明玻璃杯的颜色变化以及每个物体的反光。注意水果在不同的衬布衬托下色彩倾向发生了变化。

蓝色调，蓝色成分与黄橙色的水果形成了补色关系，画面变得精神、明快。

红色调 红灰颜色主导画面整体色彩，调性温馨舒适。

绿色调 绿颜色在饱和度上的控制通常是一个难点，高级灰度的绿色调是优雅清爽的。

黄色调，醒目绚丽，具有较强烈的色彩张力。

迅速掌握变调训练方法：如果要画暖色调可以把物体的受光画的偏暖，暗部处理的偏冷，即暖光环境下；同样画冷调子可以将物体受光处理的偏冷，暗部偏暖，即冷光环境下。可以使画面冷暖色调更加整体和谐。

变调练习的步骤：

①处理主衬布色彩。根据实景照片，变换"蓝""红""绿""黄"四种色相的色调，首先要把台布的色彩加以改变，纯灰饱和度的控制是关键。

② 处理背景衬布色彩。不同色调的背景白布是不相同的。变调练习中背景灰颜色受主色调的影响明显，蓝色调中的背景色性偏"冷"，黄色调中背景色性偏"暖"。任何色调中，背景颜色的通透感都是需要重点注意的。

③处理物体色彩。任何画面中，色调的变化会导致画面中物体颜色的变化，主体物、果盘、水果等色彩倾向在色性以及纯灰关系上都要有微妙的改变，如蓝色调中"黄""橙"水果清亮明快。而红色调中"黄""橙"水果浓郁绚丽。

3、色调默写

目前国内多数院校美术高考色彩静物以默写的形式出现，或者给出黑白照片，也相当于半默写。因此在色彩训练的过程中必须加大默写训练的力度。这种办法有利于纠正长期以来学生们对静物盲目的依赖，而缺乏动脑的坏习惯。将注意力集中到对色彩规律的把握上来，这也是学习绘画的目的。

默写色彩，最关键的就是"色调的默写"。

从利用黑白照片辅助练习入手，锻炼大家主动探索和尝试不同的用色，避免长期习惯用色使画面单调失去活力.

黑白照片其实给出了两个提示，一 有基本的构图，二有黑白灰关系，这对考生来说是依据也是参考。比如构图大家可以根据自己的审美能力对其稍作调整，但不能随意加、减物体。然后再根据基本的黑白灰关系确立画面的色调，大家都知道调色盒里的颜色不仅有色相上的变化，还有明度上的变化，就是利用不同颜色的明度变化来塑造物体的。这就是色彩。

黑白照片的色调默写是在大量写生训练之后大家已经有一定的色彩认识和调控画面能力的基础上再次加强色调的训练。敢于突破习惯去尝试更多的色彩构成形式，在这个过程中你会发现色彩无穷的魅力。

默写过程需要注意的：

1 一定要审请题目，题目上的大字小字部分都要亲自审明白。

2 注意构图中需要注意到的各种因素。

3 确定并统一光源，（因为不是写生，需要时刻有整体的意识）

4 确定色调，在脑子里构建完整画面做到心中有数。

5 画面完成后一定要检查跟题目是否一致。

第三章 色稿与照片对照讲解
1、水果类色稿与照片对照讲解

小色稿训练的目的在于训练学生在短时间内迅速捕捉画面大的色彩感觉的能力，避免造成画面孤立，颜色单一，不丰富不整体。
小色稿的把握

a、大笔触、大气势
强调学生对色彩的主观感受，鼓励学生尝试各种笔法，树立自信心。

b、大色调、大关系
用几大笔颜色迅速捕捉对色彩的第一印象跟着感觉走即可，不要拘泥于细节被形体所困。

c、大空间、大动势
寻找视觉空间，找立面与平面的分割线，寻找光线走向。

局部对照

背景的蓝紫与前面的蓝衬布交相呼应整体往后退。

用大笔大胆概括出罐子大的明暗关系，固有色和环境色，用色用笔都要大胆。

第一遍找固有色的时候，作者先将三个同类色的水果从冷暖和明度上做了微弱的区分，前边的橙子最暖偏淡黄，苹果的颜色加了一点湖蓝有了偏绿的倾向，后面的梨受光找了两笔明显的冷色以作区分。同类色物体的区分主要靠受光面的区分为主。

背景蓝紫

偏普兰色衬布

白衬布、白盘子和面包固有色均为白色但是却不能处理成一样的白色，白色是最容易受环境影响的颜色，作者将白衬布偏蓝是受蓝衬布的影响，也是为了蓝色调的统一。盘子偏红是与偏蓝绿的白衬布很好的对比区分，面包偏绿又是与盘子的微红形成弱对比，在协调中形成小对比，使画面明快。

白衬布

面包

白盘子

在蓝衬布和蓝紫背景下白衬布明显偏蓝了，不锈钢刀子也是。

动笔之前，一定要观察景物，去感受它带给你的视觉感受，即跟静物培养感情这个很重要，这个时候在脑子里建立构图，然后确立色调，想象这组静物最后的画面效果，心里有数了再动手。

a、从构图上这组静物为四边形构图。有高矮方圆、点线之间的变化，节奏丰富。

b、寻找光源来向，在各种环境下一定要确定主光源。通过投影的方向确定光源来向这组静物为左上方来光。

c、分析色调，观察决定这组静物整体色调的是哪个颜色。看左图的照片，很直观可以看出画面整体偏蓝。

d、根据色调自己在心里整理概括大色块儿，用笔表现出来。主要找固有色，根据色调对固有色稍作调整，使画面和谐统一。

2、蔬菜类色稿与照片对照讲解

这组蔬菜实景静物色调雅致而又沉静，由浅灰色蓝绿两块布构成基本色调。在两块控制色调的衬布中，选择蓝颜色衬布做为色调的主导，色块概括中，主动提高蓝色的色彩饱和度。使整幅画面中，颜色、色块在"纯灰"关系中具有一定的层次与节奏感。

此幅色稿作业画面色彩关系明确，节奏丰富富有韵律。主衬布相对纯一些的处理与灰衬布相互均衡，蓝衬布上有大大小小形状不一的鲜亮水果，以黄色为主与蓝衬布形成鲜明的对比。主体物及小瓷杯身上的重色块很好的压住了画面，使亮中有暗，暗中有亮，物体的选择有高有低，有条状的香蕉、小瓜和圆形的苹果橘子等节奏感强，物体组织聚散分明。

3、花卉类色稿与照片对照讲解

这组花卉类实景照片里,黄颜色的同类色物体较多,同类色物体的区分主要通过明度、纯度和冷暖。在组织画面的时候,我们主观的将这些同类色对比并统一在画面里,既有紧密的联系又有所区分。碎花台布的颜色适当的归类为统一的黄绿色。

4、文体用品类色稿与照片对照讲解

文体类实景照片的色调概括。在衬布明度、色相对比强烈的色调处理中，需要主观控制协调衬布的颜色使画面拥有统一的调性。粉红衬布与棕绿色格子布的搭配是一种"书卷气"的典雅对比。我们可以把格子布提高明度，饱和度概括成中性偏灰，色相上概括为倾向暖的土黄色。

与实体静物照片相比，作者将书的页面统一在黄色调里，减弱书本本身的对比而更好的融合在整个画面里边，也更好的对比出偏蓝紫色的白色青花瓷罐，体现了局部服务于整体的意识

白色的物体相对比较难处理一些，初学者往往不知道怎样确定色彩倾向。白色物体放在环境里永远不可能是单纯的白色。我们可以明显的感受到白瓷罐在红色环境里偏蓝紫也可以弱弱的倾向一点绿色与红色形成对比丰富色彩关系

三个水果已经在颜色上区分开了，如果在大小跟形状上再有区分画节奏感就更强了

半透明的物体是一个难点，好多同学都对它望而却步，其实只需要仔细观察，看到什么画什么就行了。一般透明的瓶子边缘线处理成蓝紫灰即可，笔触一般出现在边缘，中间留空比较容易表现透明的质感

两块重颜色是画面不可或缺的一部分，很好的均衡了画面的分量，整个画面上边物体面积大是主体物下面物体小，如果没有这两块重颜色画面就会上重下轻不平衡

此组静物涉及文具类和生活用品，是一组综合类的静物组合，这样题材的训练是向文体类题材转换的一个过渡。避免学生拿到题目后不知道怎么处理。考前阶段训练的内容以常规题材为主但其它题材也是必须要练习到的。画册、水粉笔、青花瓷瓶营造了书卷气的氛围，半透明塑料旅行杯带有了生活气息。作画的过程要将这些看似不相干的物品融合在一个和谐统一的画面里边也是一个重点。

/18 实景·色彩静物 COLOR PHOTOS

COLOR PHOTOS 实景·色彩静物 19/

/20 实景·色彩静物 COLOR PHOTOS

COLOR PHOTOS 实景·色彩静物 21/

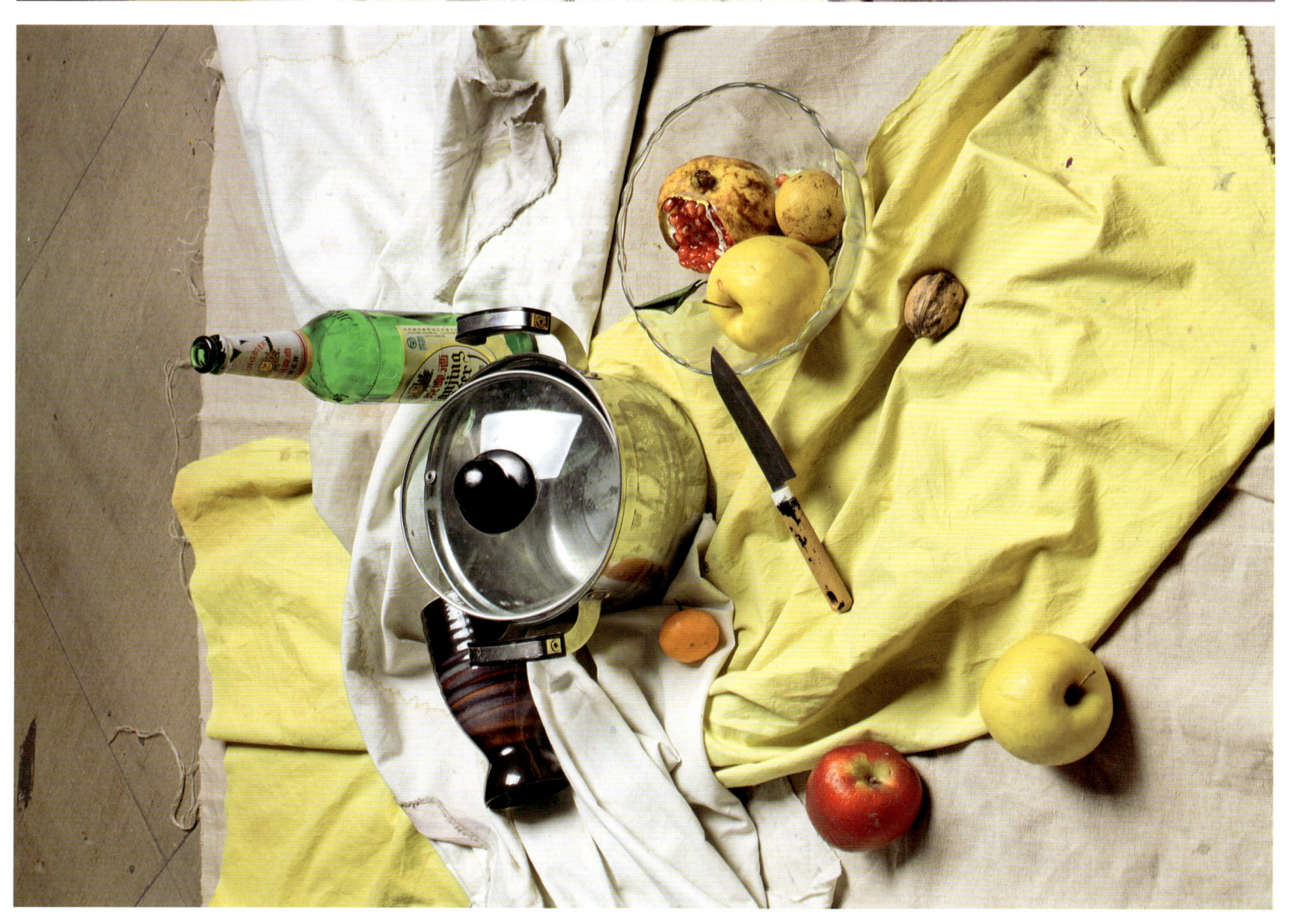

/22 实景・色彩静物 COLOR PHOTOS

COLOR PHOTOS 实景·色彩静物

/24 实景·色彩静物 COLOR PHOTOS

COLOR PHOTOS 实景·色彩静物 25/

/26　实景・色彩静物　COLOR PHOTOS

COLOR PHOTOS 实景·色彩静物 27/

第四章 实景照片与作品对照

第五章 实景照片展示
实 践 教 学
STUDY ON THE SPOT

水果类

色彩静物训练主要是学习对色彩关系的把控和造型能力的掌握。前边章节主要针对画面整体的色彩关系来学习,达到自主控制画面色调的能力。局部训练也是必不可少的训练阶段,本章节从造型相对简单的水果类入手学习深入刻画。水果类颜色鲜艳、丰富,光泽度高,在画面中通常作为主体物的陪衬,是画面中除主体物外最活跃最闪亮的元素,像星星、像精灵一样点缀着整个画面的色彩。

对不同水果鲜艳颜色的准确把握
对不同水果形态的准确表达
形色结合塑造水果

COLOR PHOTOS 实景·色彩静物 37/

/38 实景·色彩静物 COLOR PHOTOS

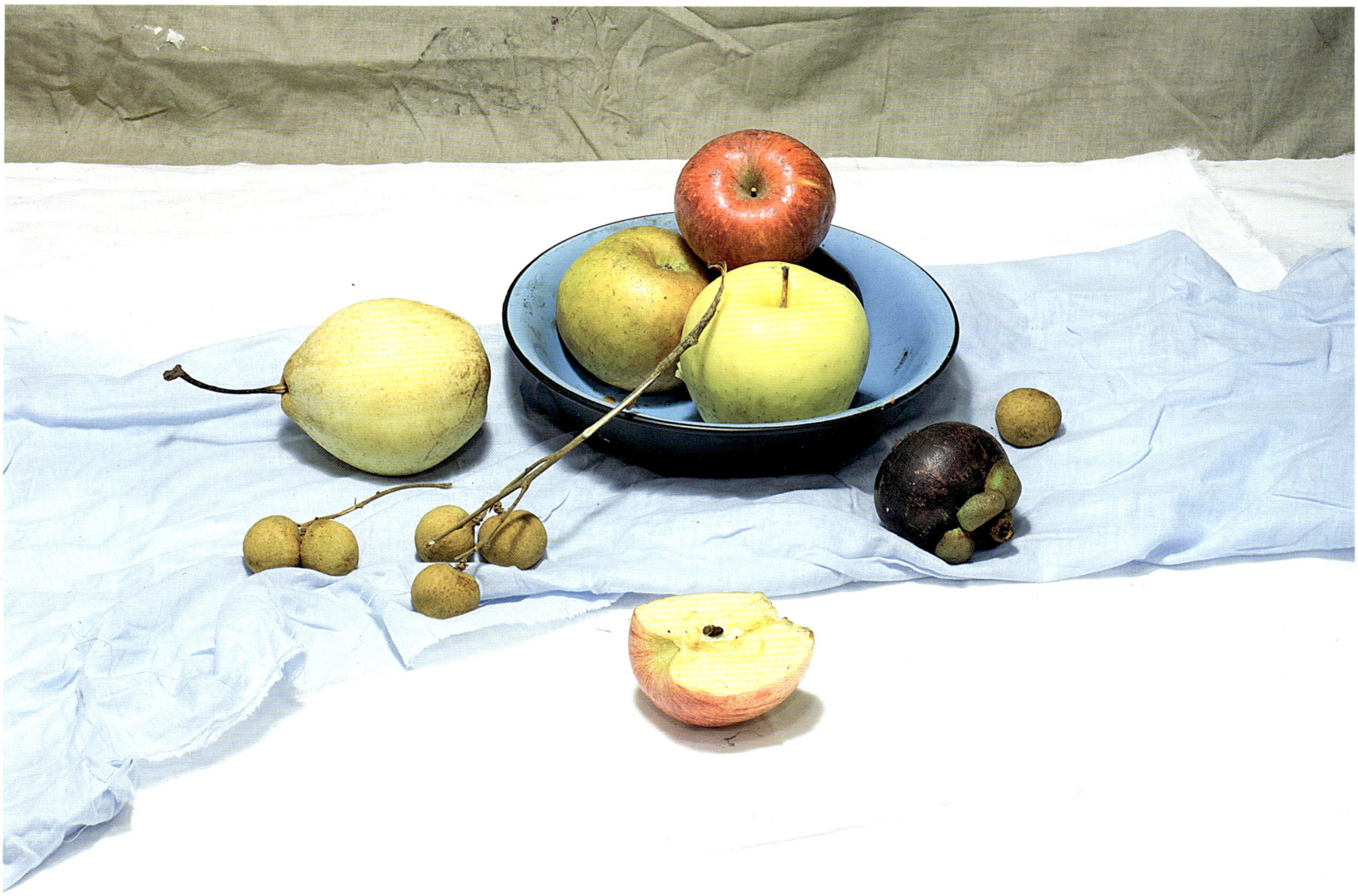

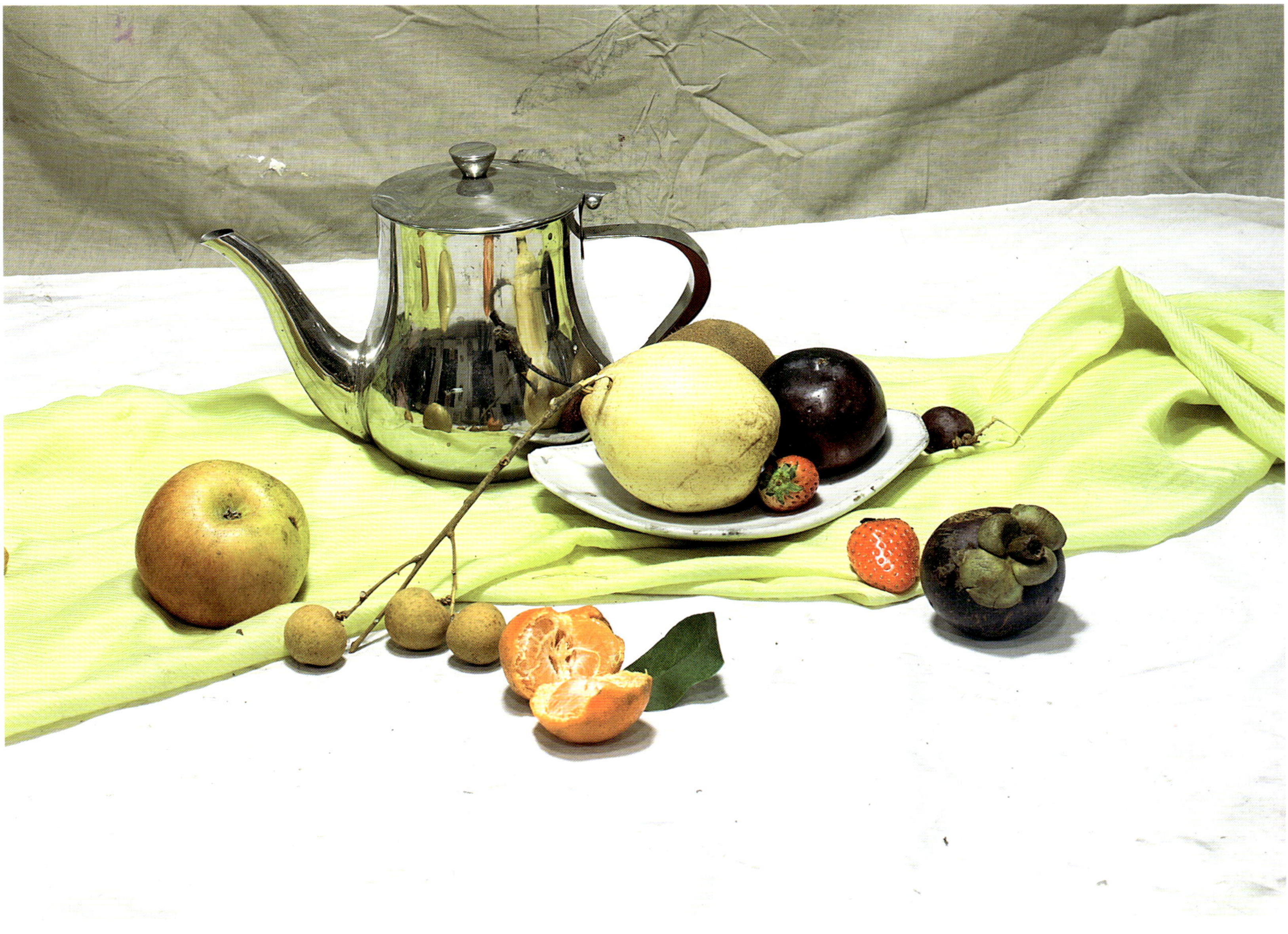

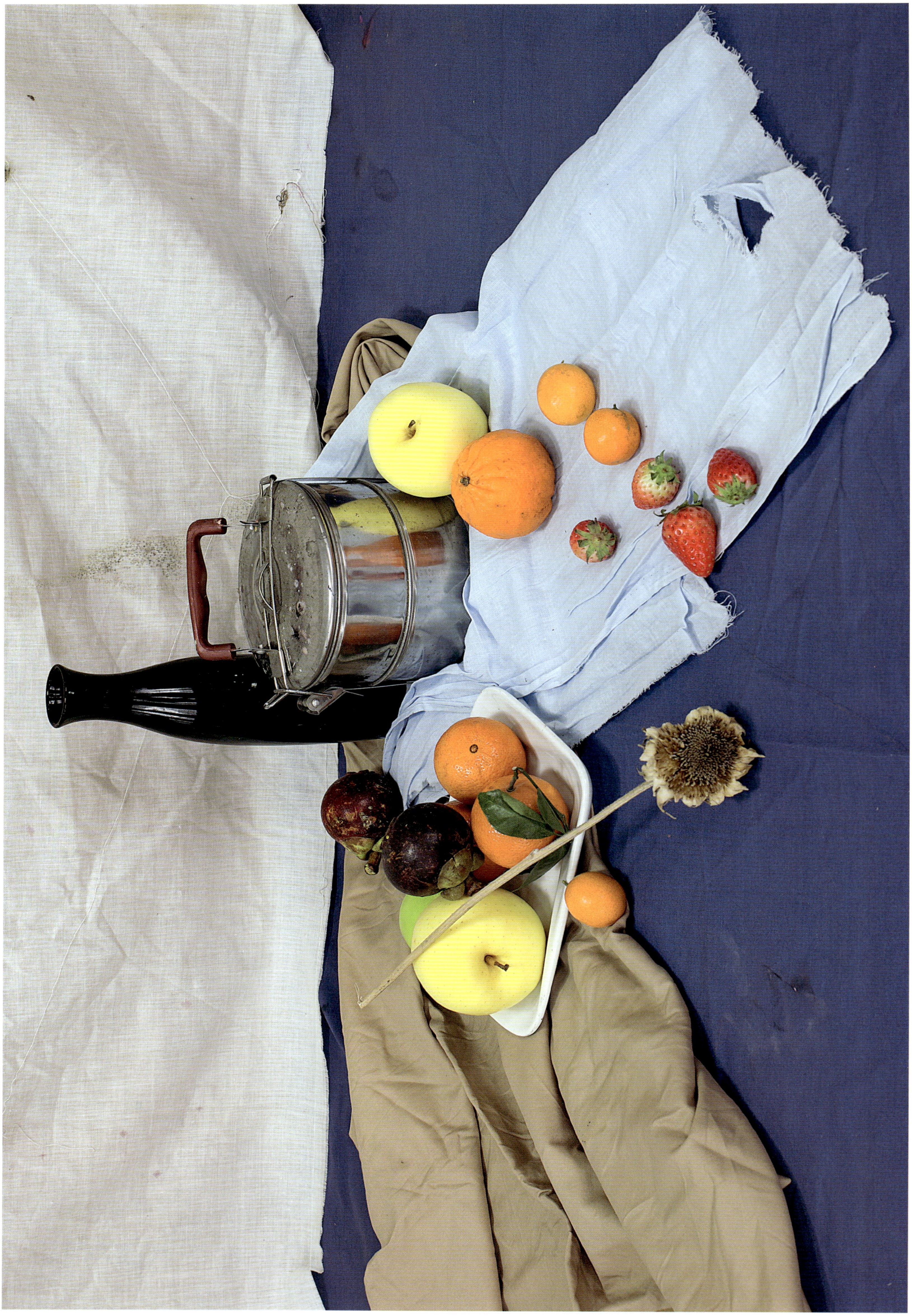

COLOR PHOTOS 实景・色彩静物 41/

/42 实景·色彩静物 COLOR PHOTOS

COLOR PHOTOS 实景·色彩静物 43/

/44 实景·色彩静物 COLOR PHOTOS

COLOR PHOTOS 实景·色彩静物 45/

/46 实景·色彩静物 COLOR PHOTOS

COLOR PHOTOS / 实景·色彩静物 47/

/48 实景·色彩静物 COLOR PHOTOS

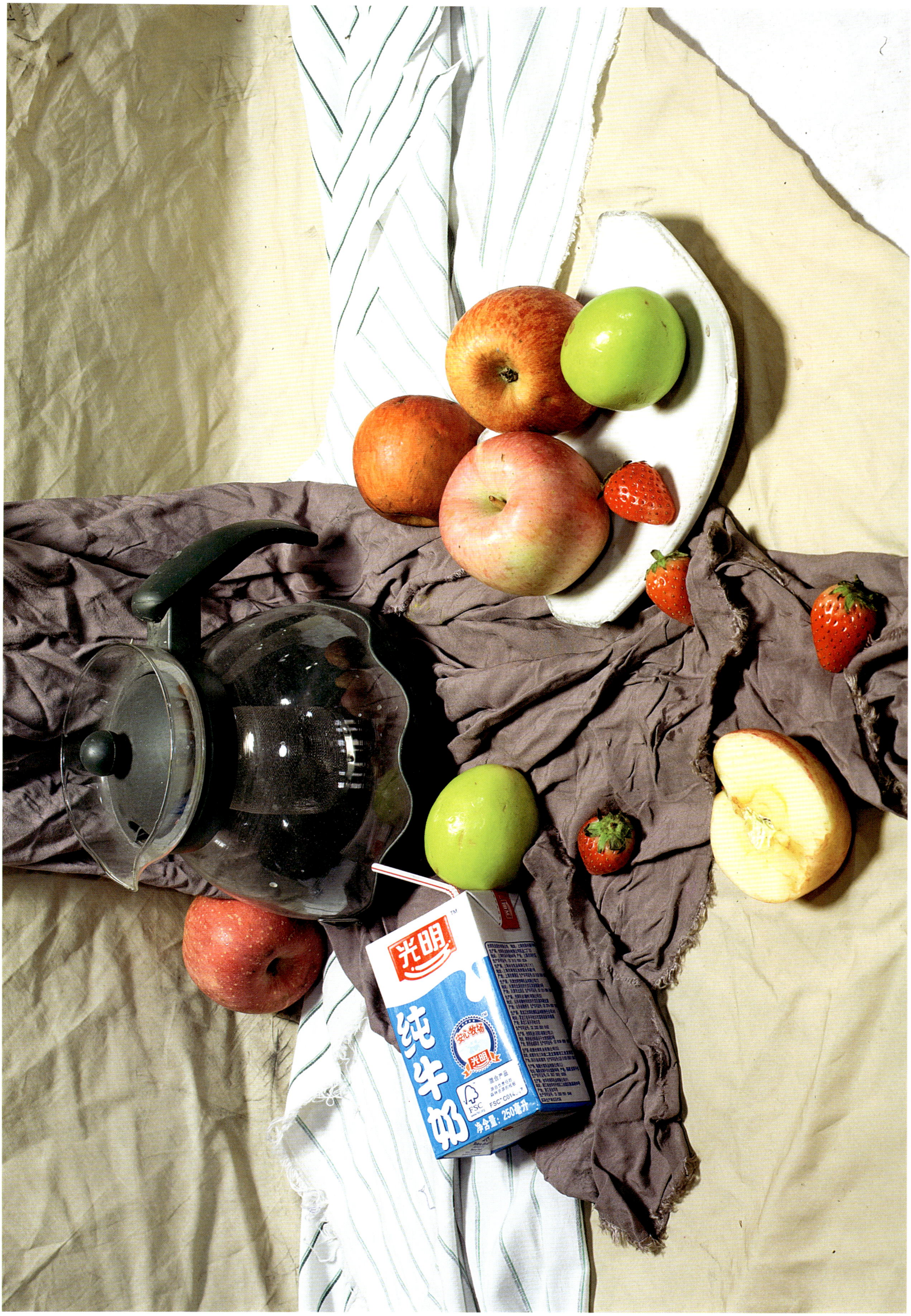
光明
纯牛奶

/50 实景·色彩静物 COLOR PHOTOS

COLOR PHOTOS 实景·色彩静物 51/

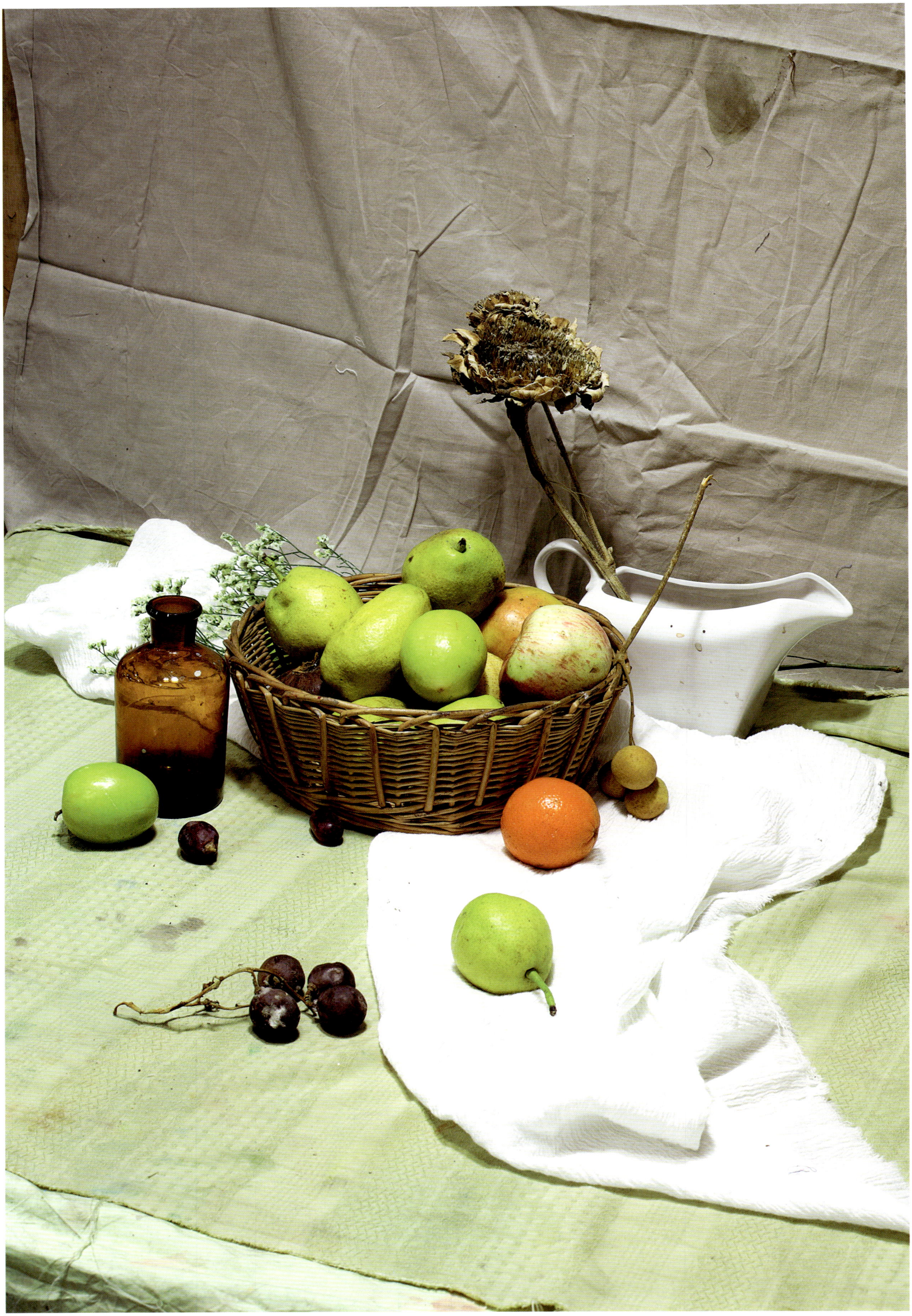

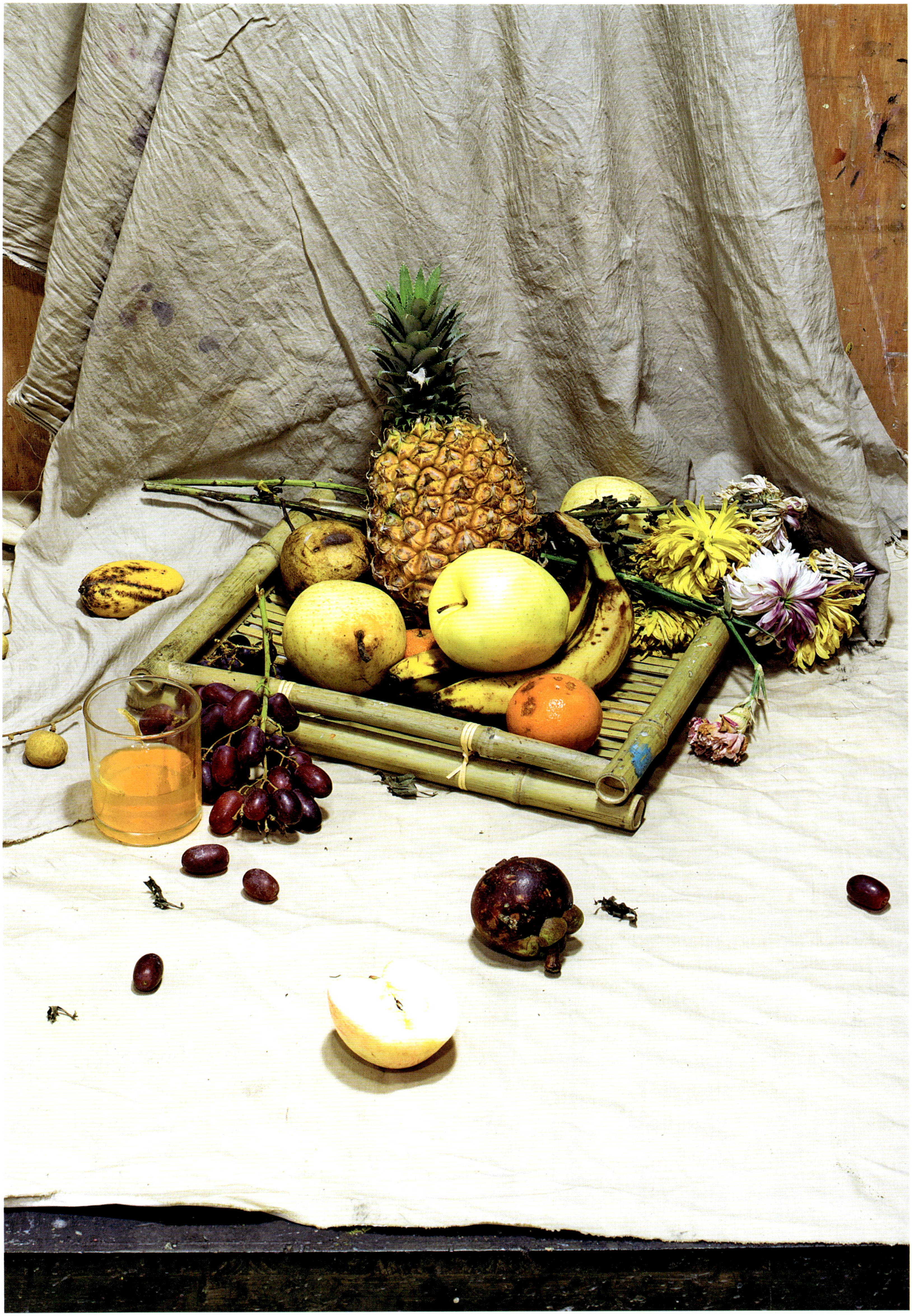

/54 实景·色彩静物 COLOR PHOTOS

COLOR PHOTOS 实景·色彩静物 55/

/56 实景·色彩静物 COLOR PHOTOS

COLOR PHOTOS 实景·色彩静物 57/

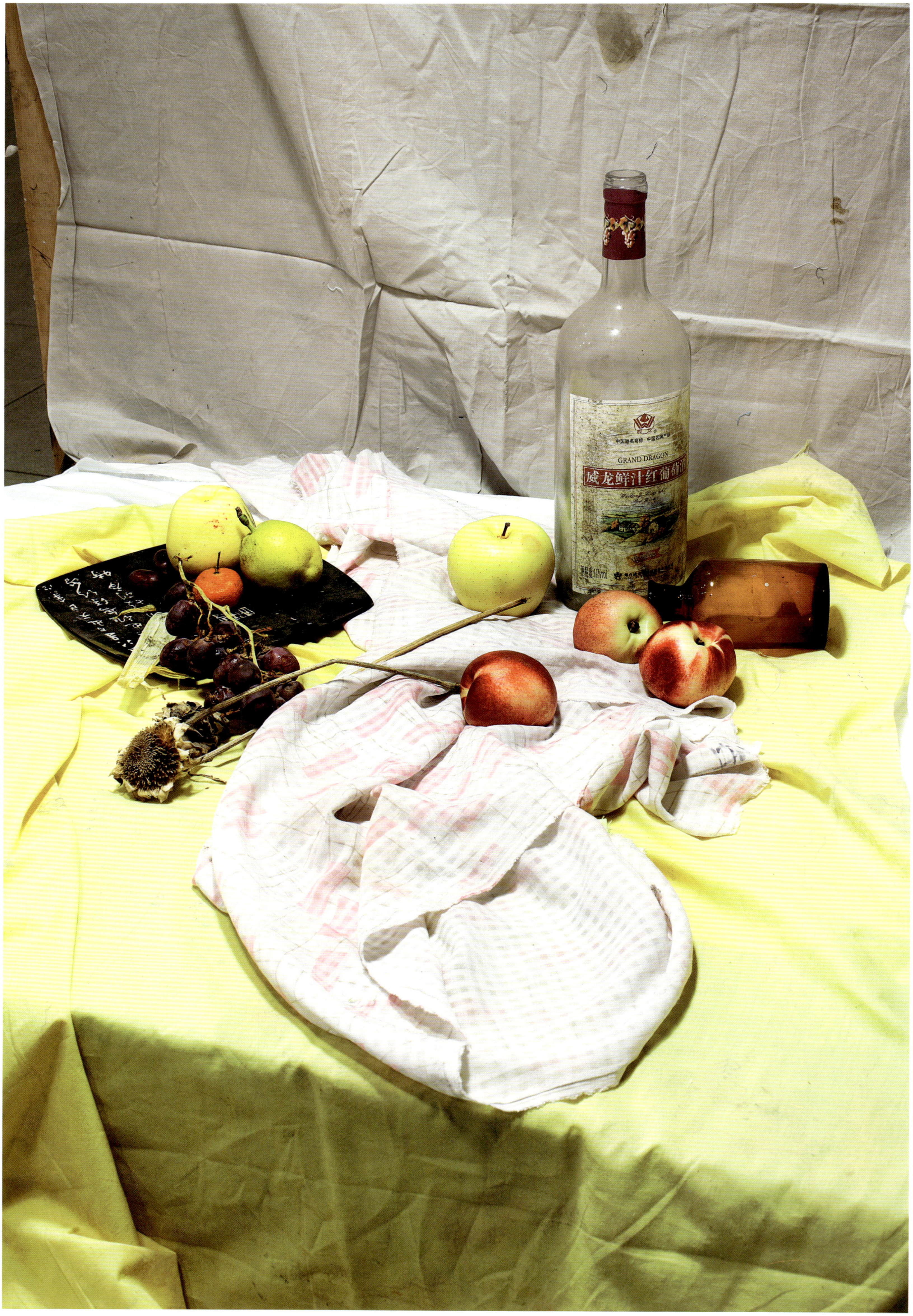
中国驰名商标 · 中国名牌产品
GRAND DRAGON
威龙鲜汁红葡萄酒

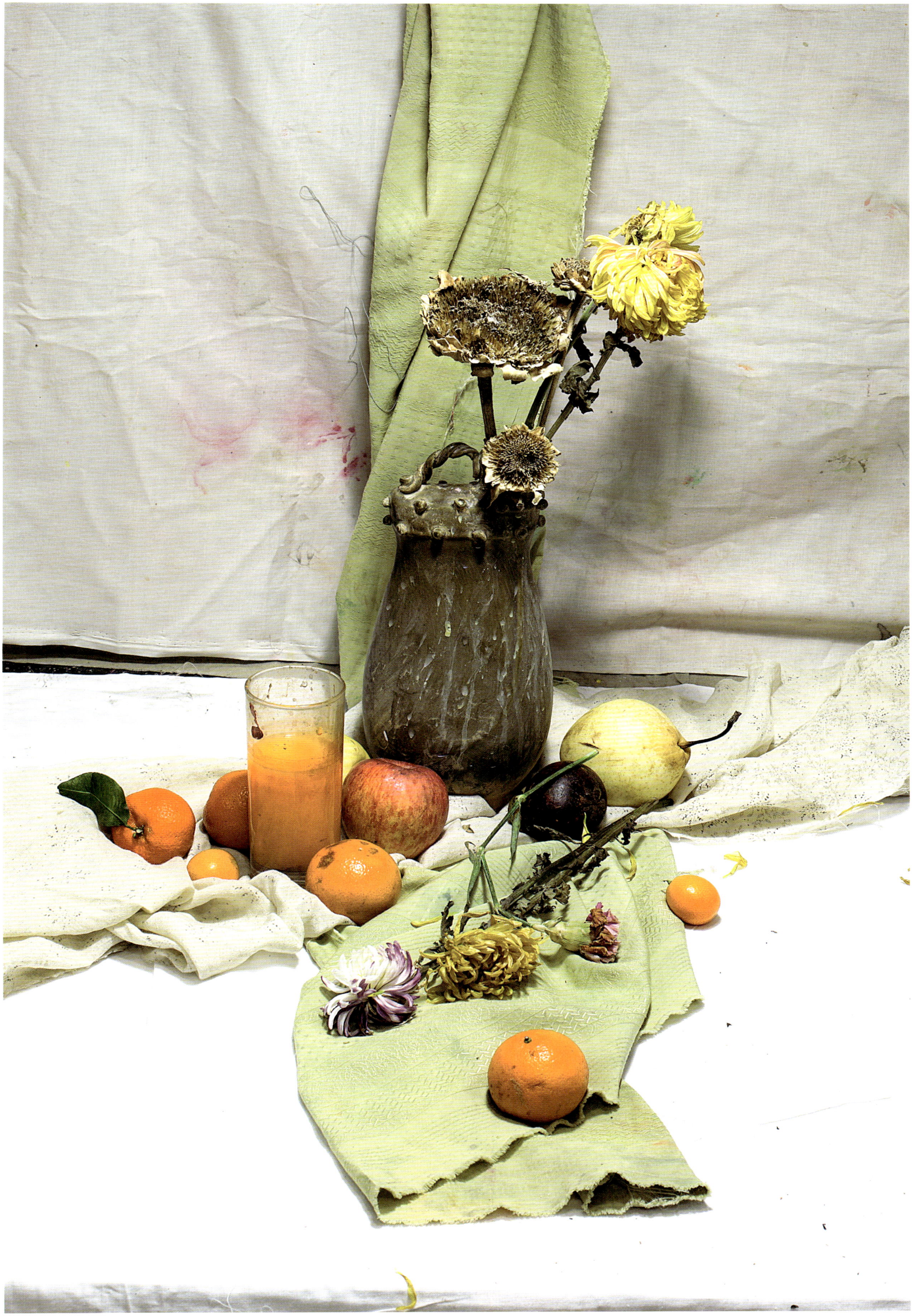

/60 实景·色彩静物 COLOR PHOTOS

COLOR PHOTOS 实景·色彩静物 61/

/62 实景·色彩静物 COLOR PHOTOS

COLOR PHOTOS 实景·色彩静物 63/

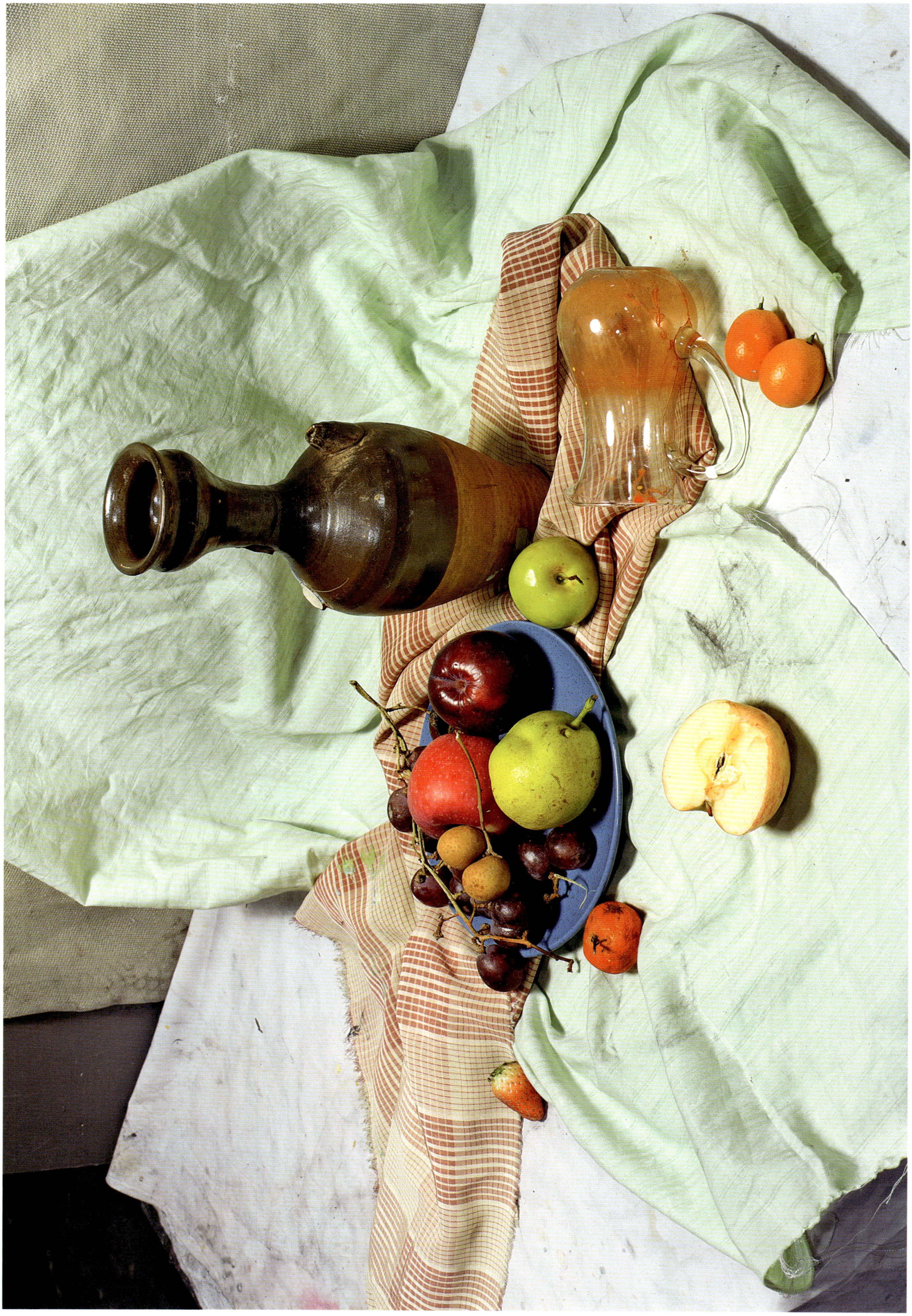

COLOR PHOTOS 实景·色彩静物 65/

/66 实景·色彩静物 COLOR PHOTOS

COLOR PHOTOS 实景·色彩静物 67/

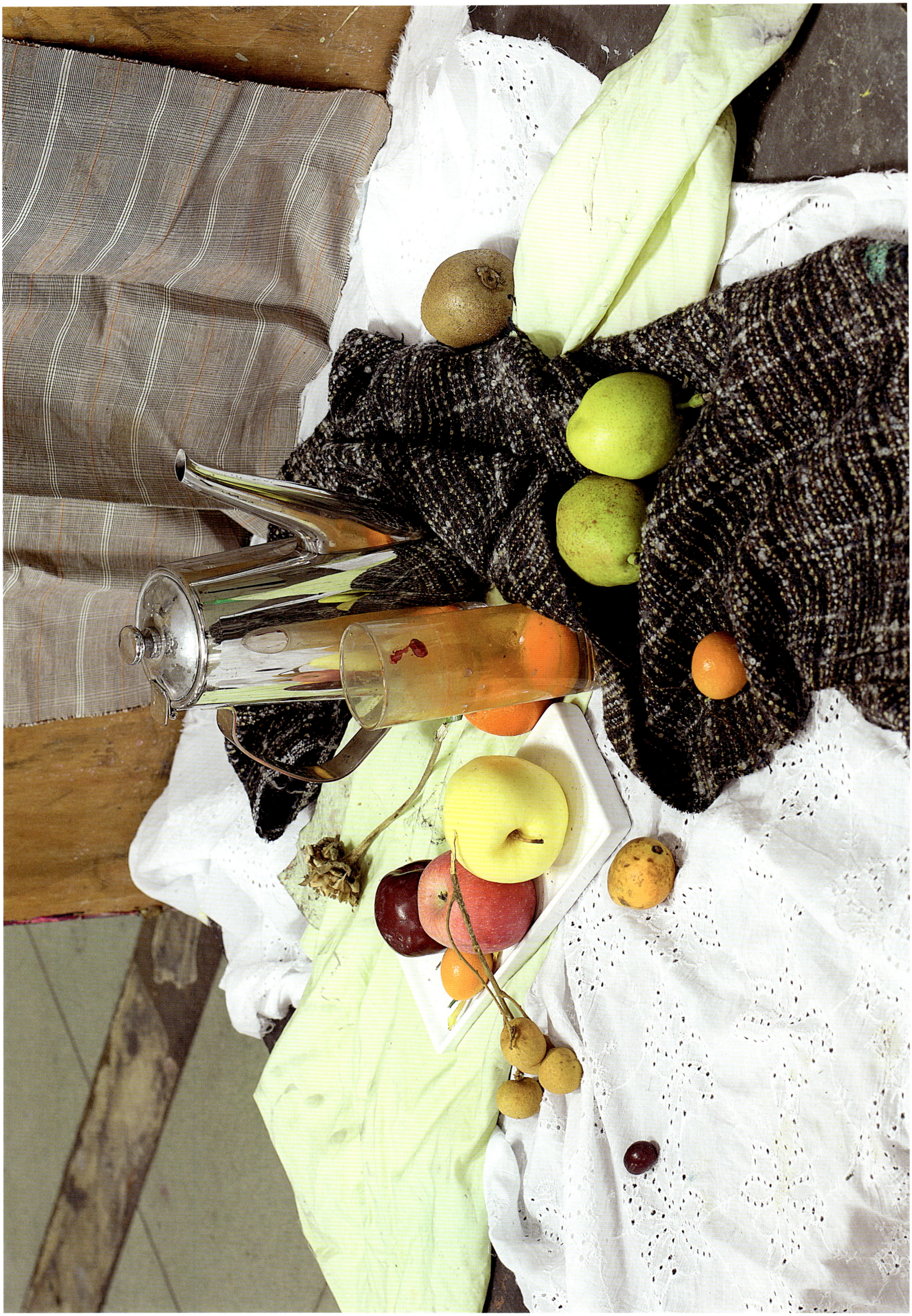

COLOR PHOTOS 实景·色彩静物 69/

/70 实景·色彩静物 COLOR PHOTOS

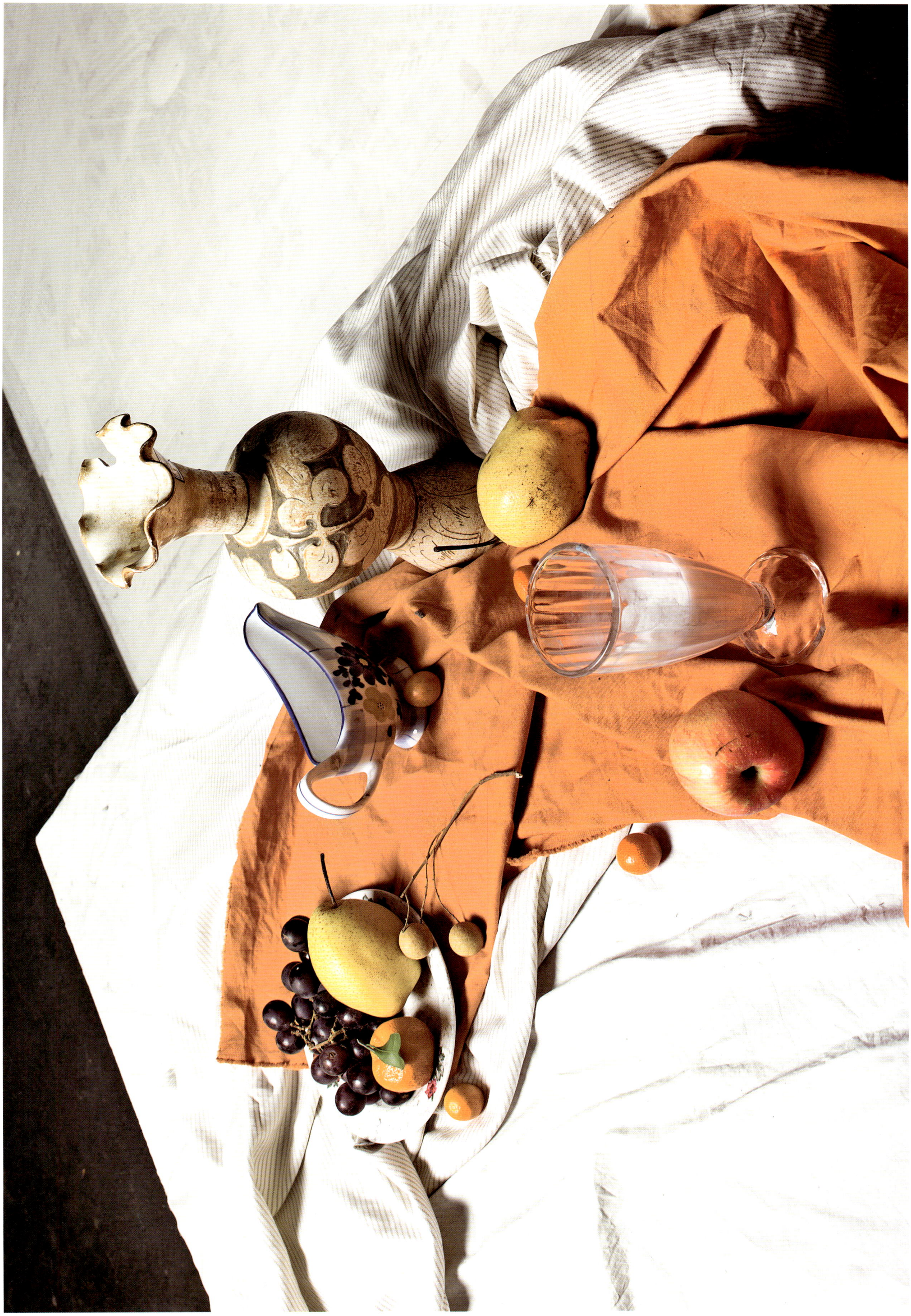

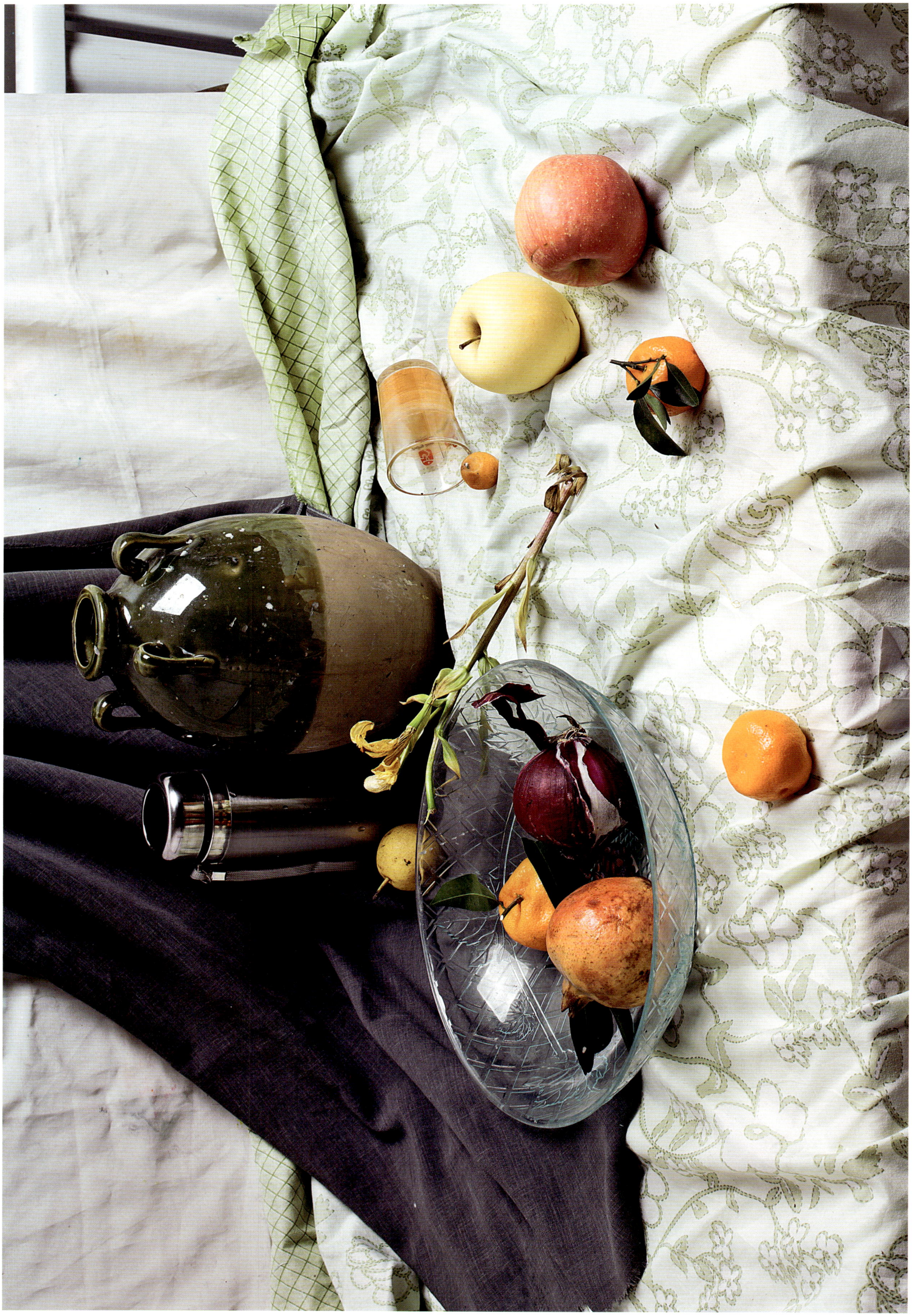

COLOR PHOTOS 实景·色彩静物 73/

/74 实景·色彩静物 COLOR PHOTOS

COLOR PHOTOS 实景·色彩静物 75/

COLOR PHOTOS
实 践 教 学
STUDY ON THE SPOT

器皿类

器皿类基本是组成画面不可缺少的元素之一在考试中出勤率极高。在画面中按照体型的大小往往充当着主体物或次主体的角色。器皿类表现得特点在于它有一定容量因此体感较强，在画面中占有一定的空间。体积的塑造是其一；还要表现它们固有的色相以及与周围环境之间发生的相互影响的色彩关系。即形色塑造器皿。

根据器皿材质的不同大致可分为
陶瓷器物——有陶瓷罐、碗、花瓶等
金属器物——可分为不锈钢材质、铜、铁、铝质等
玻璃器物——可分为无色玻璃和有色玻璃两种
塑料制品——有各类饮料瓶或生活用品包装等。

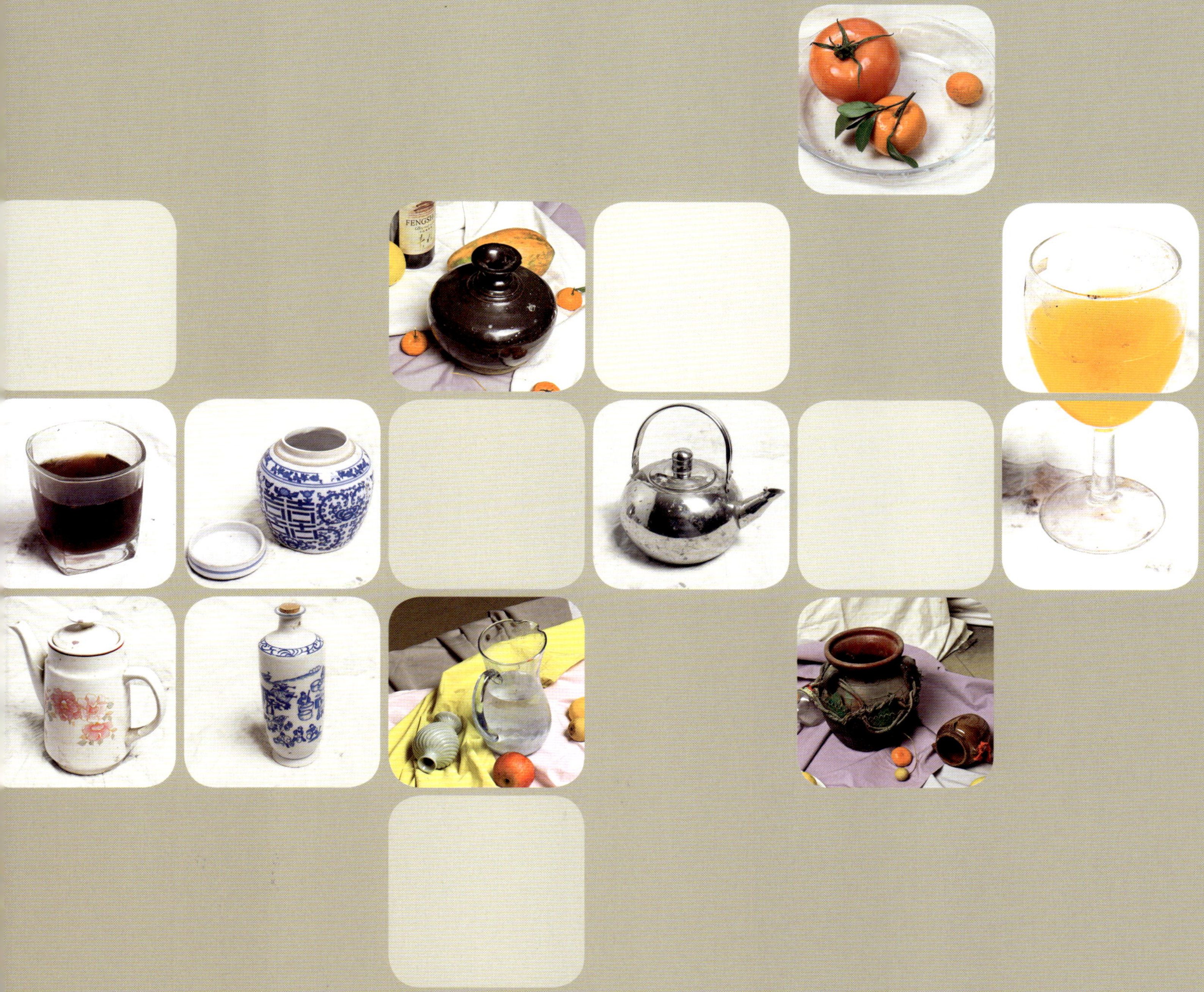

/78 实景·色彩静物 COLOR PHOTOS

COLOR PHOTOS 实景·色彩静物

/80 实景·色彩静物 COLOR PHOTOS

COLOR PHOTOS 实景·色彩静物

/82 实景·色彩静物 COLOR PHOTOS

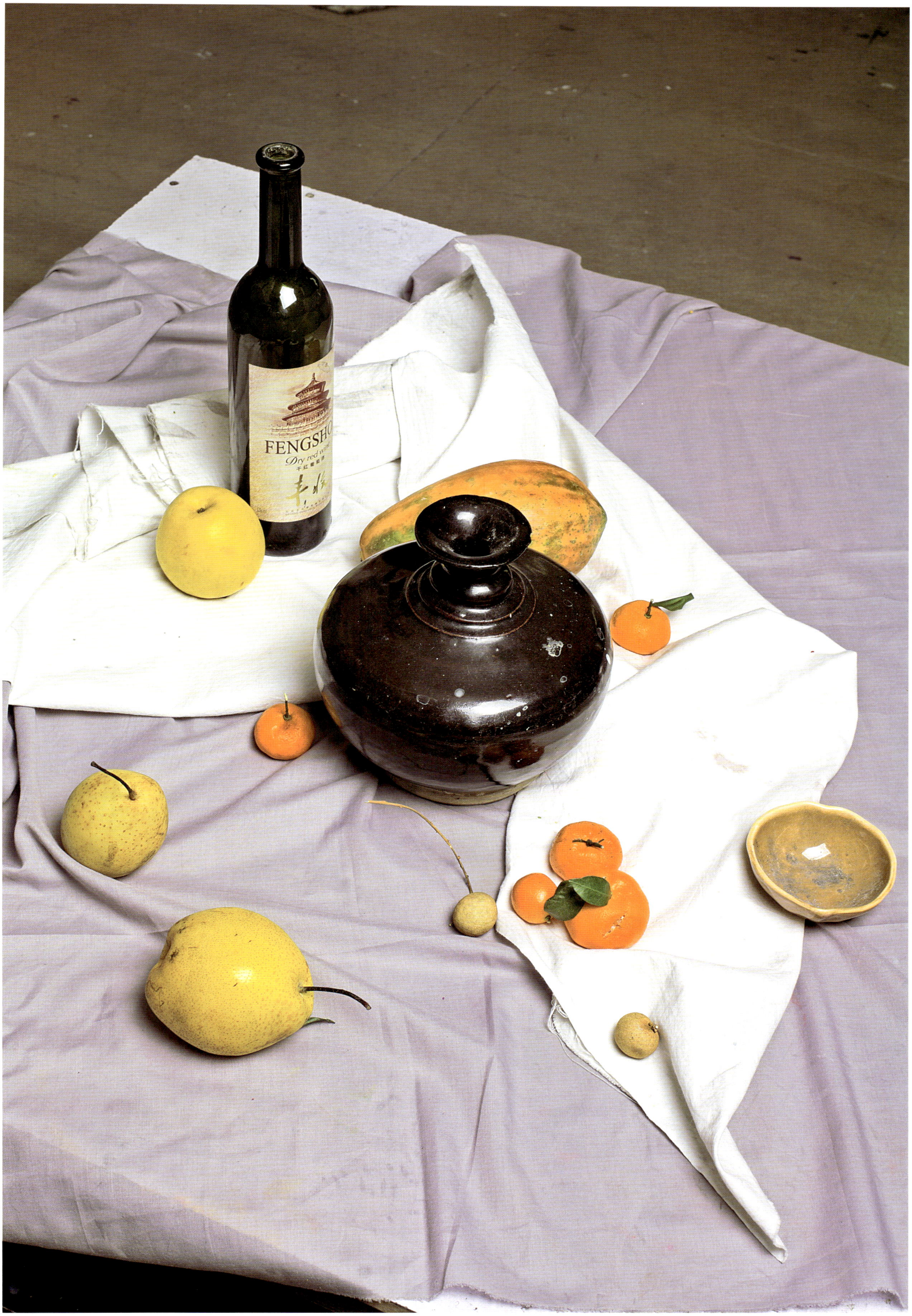
FENGSHO

/84 实景·色彩静物 COLOR PHOTOS

COLOR PHOTOS 实景·色彩静物 85/

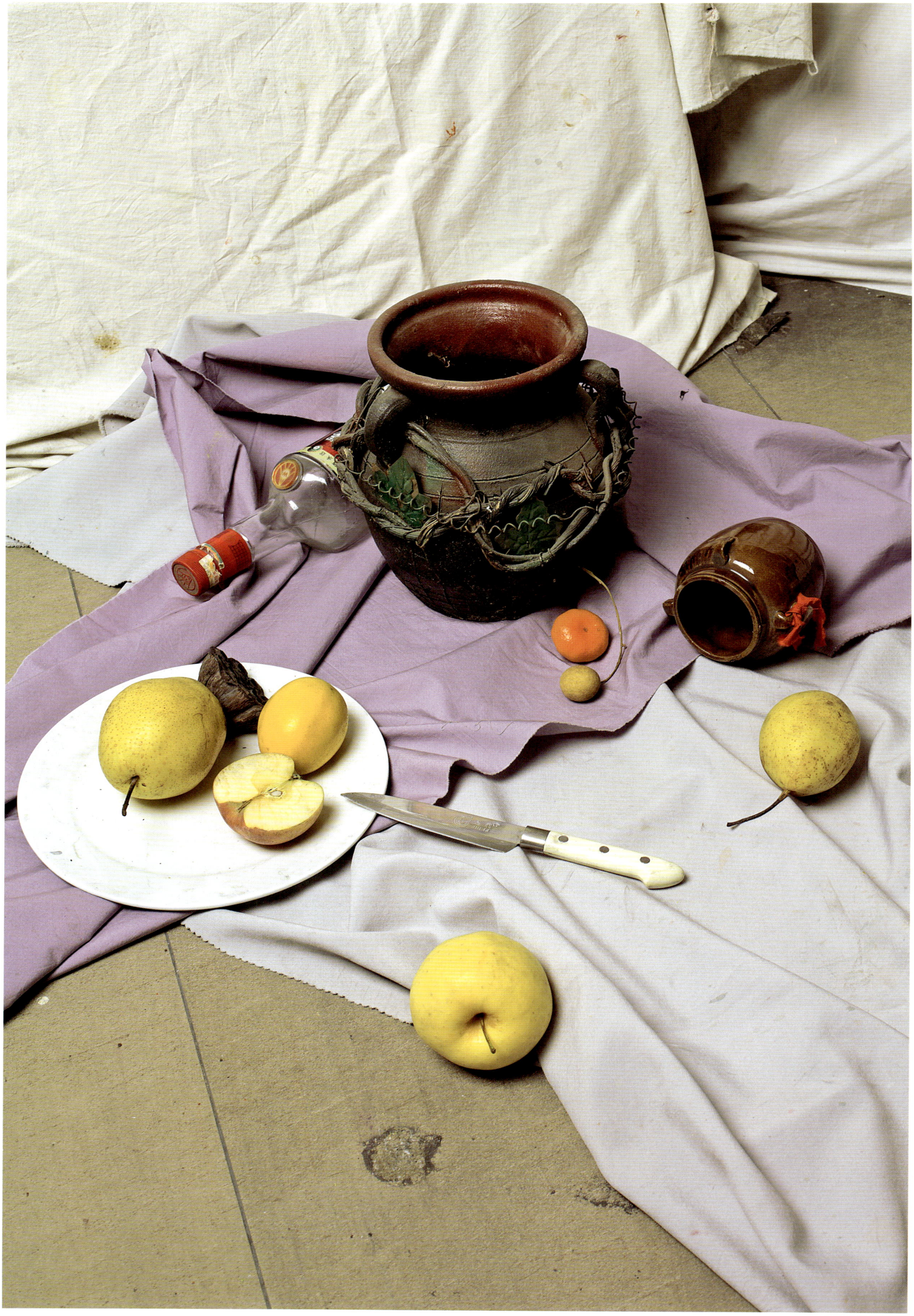

COLOR PHOTOS 实景·色彩静物 87/

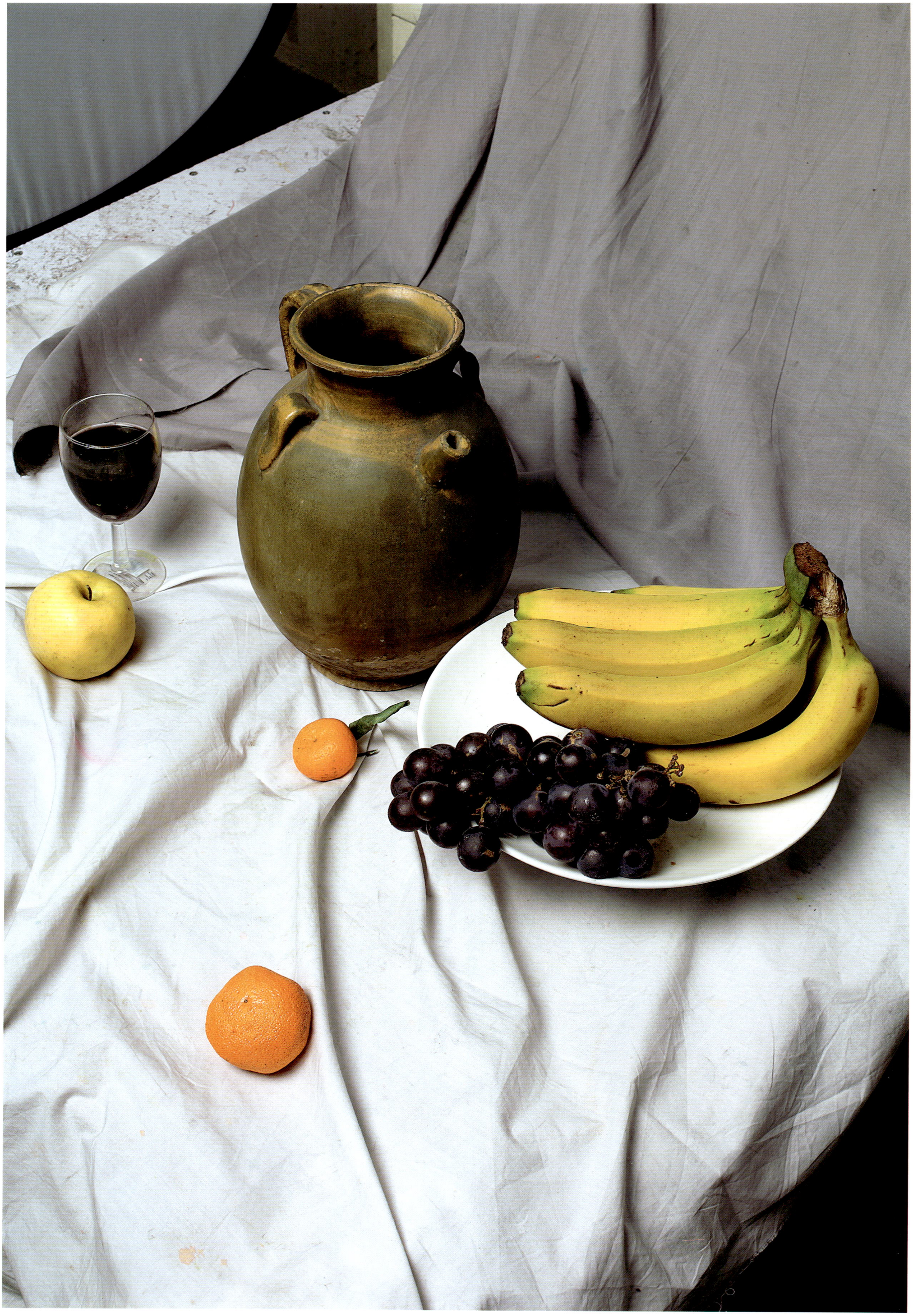

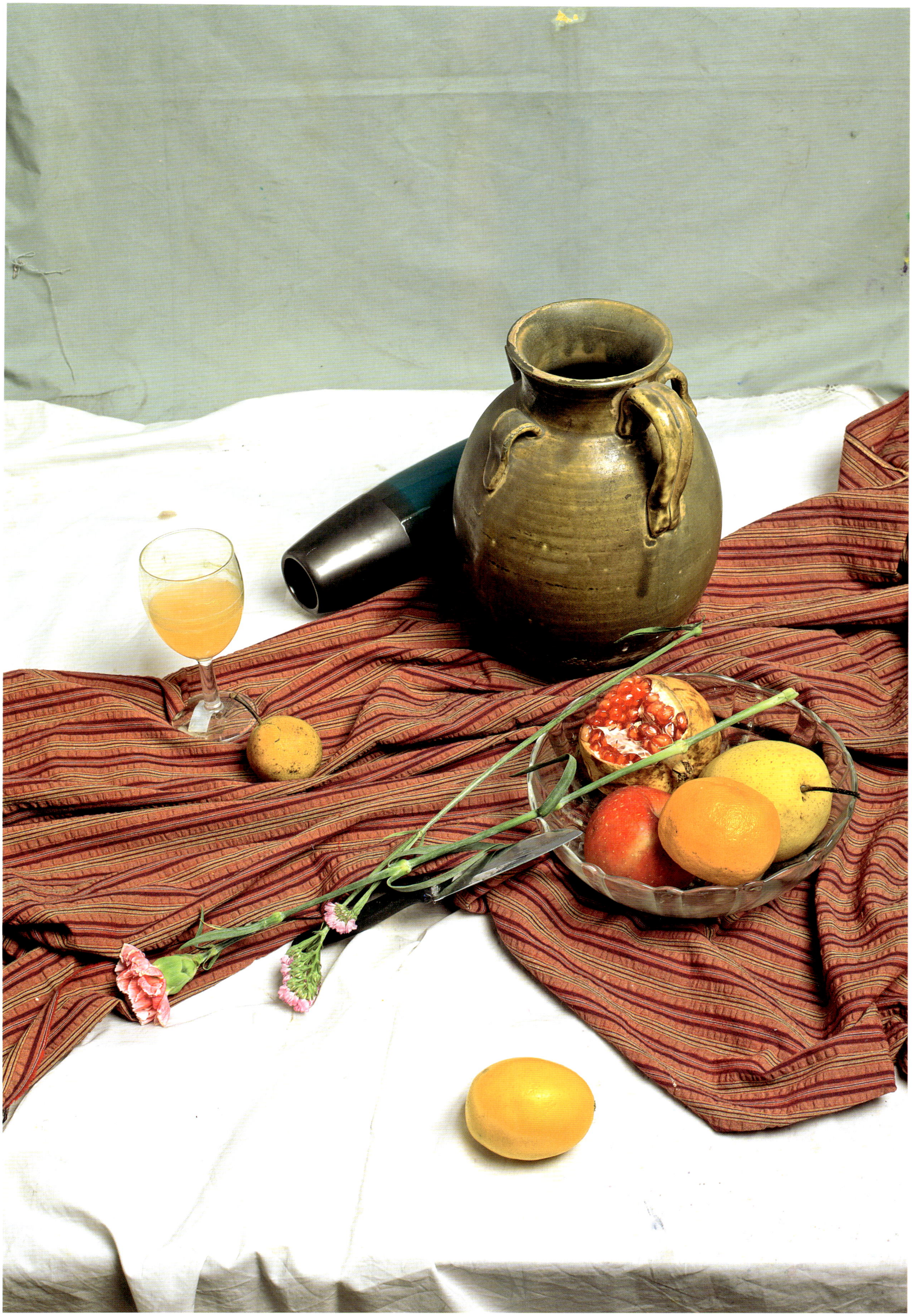

COLOR PHOTOS
实践教学
STUDY ON THE SPOT

蔬菜类

蔬菜类种类繁多，形状各异，且色彩变化丰富。虽然与我们的生活息息相关，但当它以静物的身份出现在初学者面前的时候，显得并不受观影。原因就在于蔬菜类大多形状不规则而且结构复杂，不像水果类形体相对简单易于把握。因此，在表现蔬菜对象时，对"形"的要求就显得尤为重要，"形"是确定一个物体最有力也是最直观的依据。本章节结合最常见且在考试中出勤率较高的蔬菜单体学习塑造，通过对典型造型蔬菜的学习从而举一反三灵活应对各种内容的考题。

单体的蔬菜造型简单有西红柿、南瓜、土豆、尖椒等。
复合体蔬菜，形体繁琐、结构复杂，有白菜、青菜、芹菜、菜花等。它们的个体是有多个单体组合而成的。
生鲜类有猪肉、鲜鱼等。

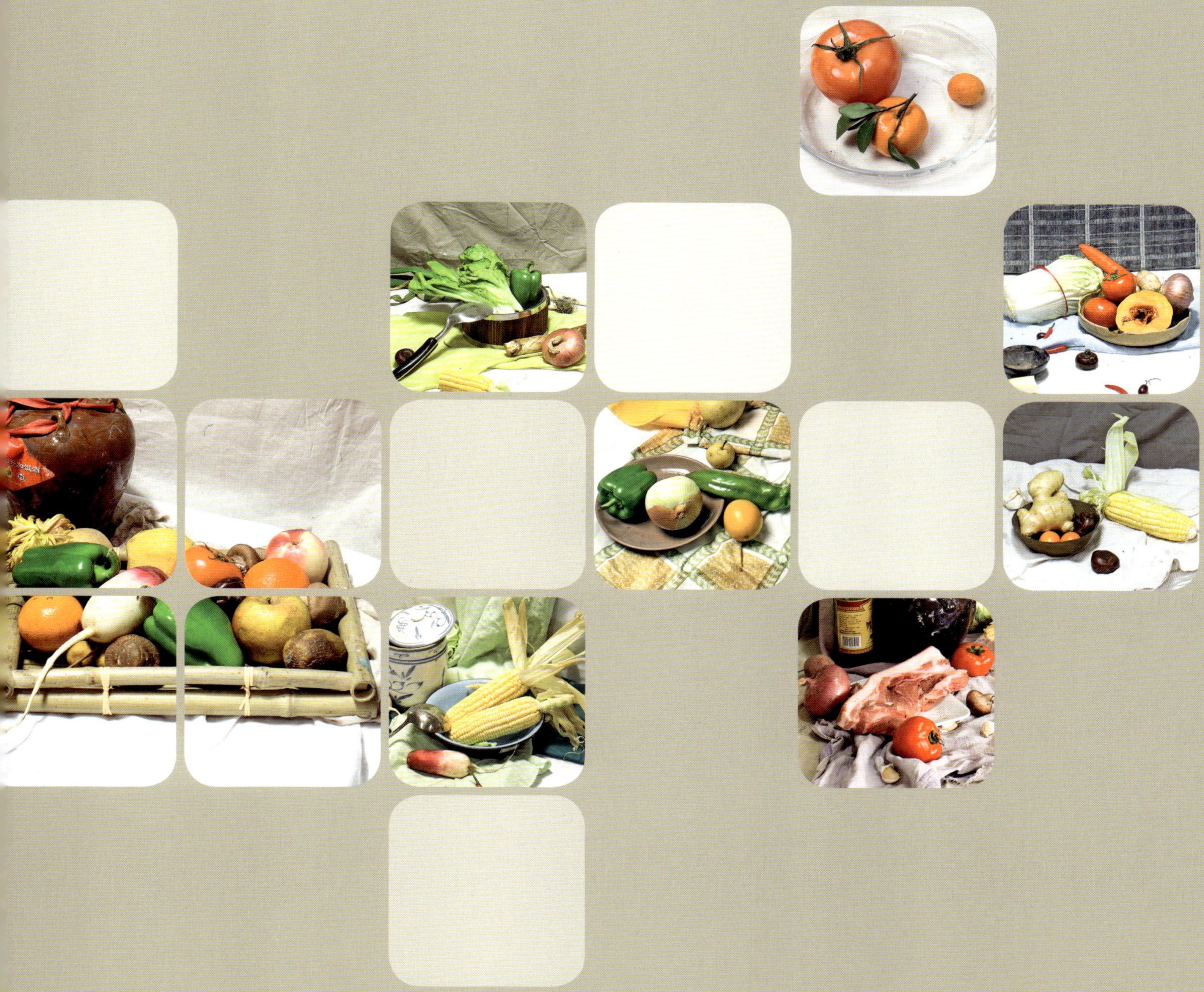

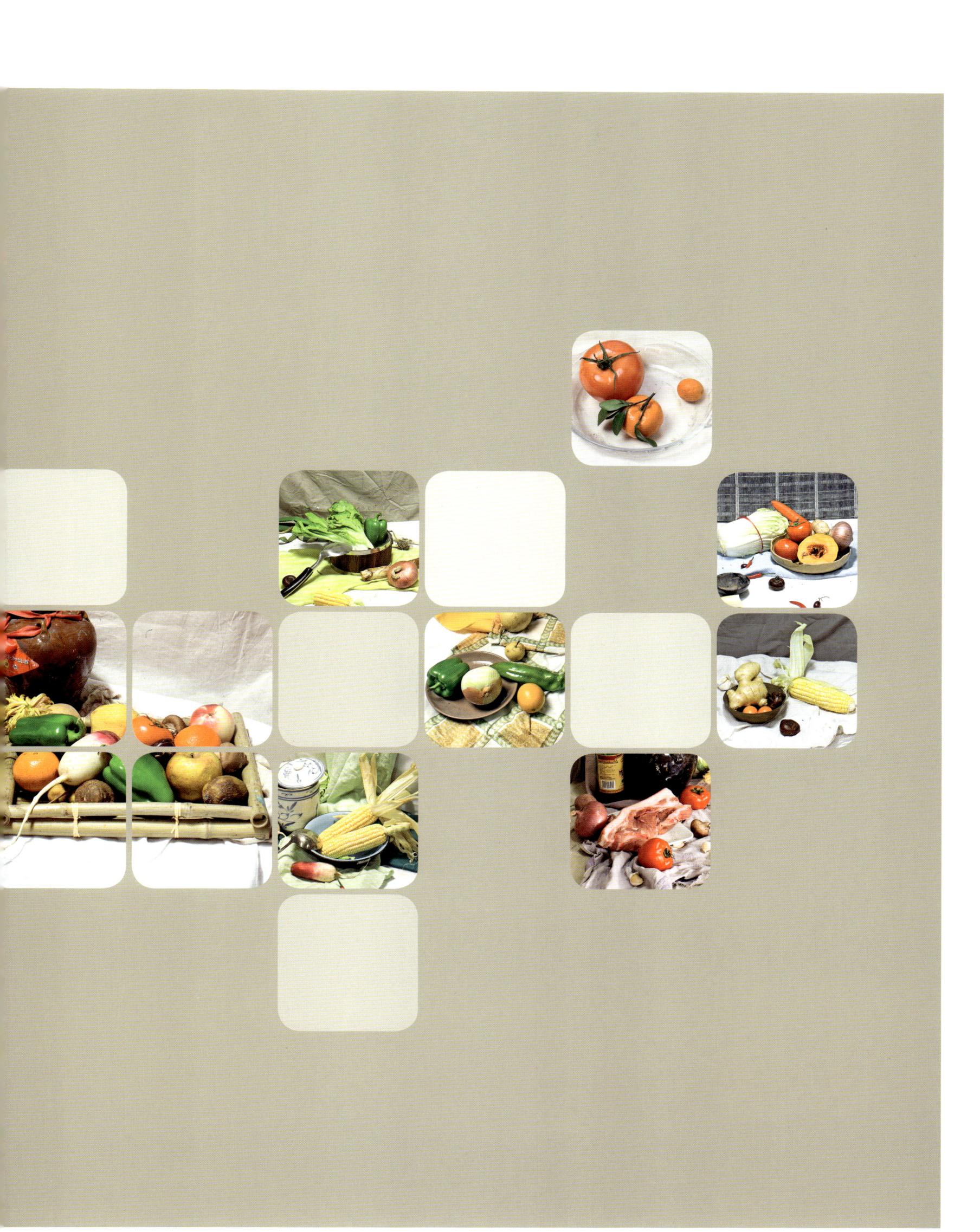

/92 实景·色彩静物 COLOR PHOTOS

COLOR PHOTOS 实景·色彩静物 93/

/94 实景·色彩静物 COLOR PHOTOS

COLOR PHOTOS 实景·色彩静物 95/

/96 实景·色彩静物 COLOR PHOTOS

COLOR PHOTOS 实景·色彩静物 97/

/98　实景·色彩静物　COLOR PHOTOS

COLOR PHOTOS 实景・色彩静物 99/

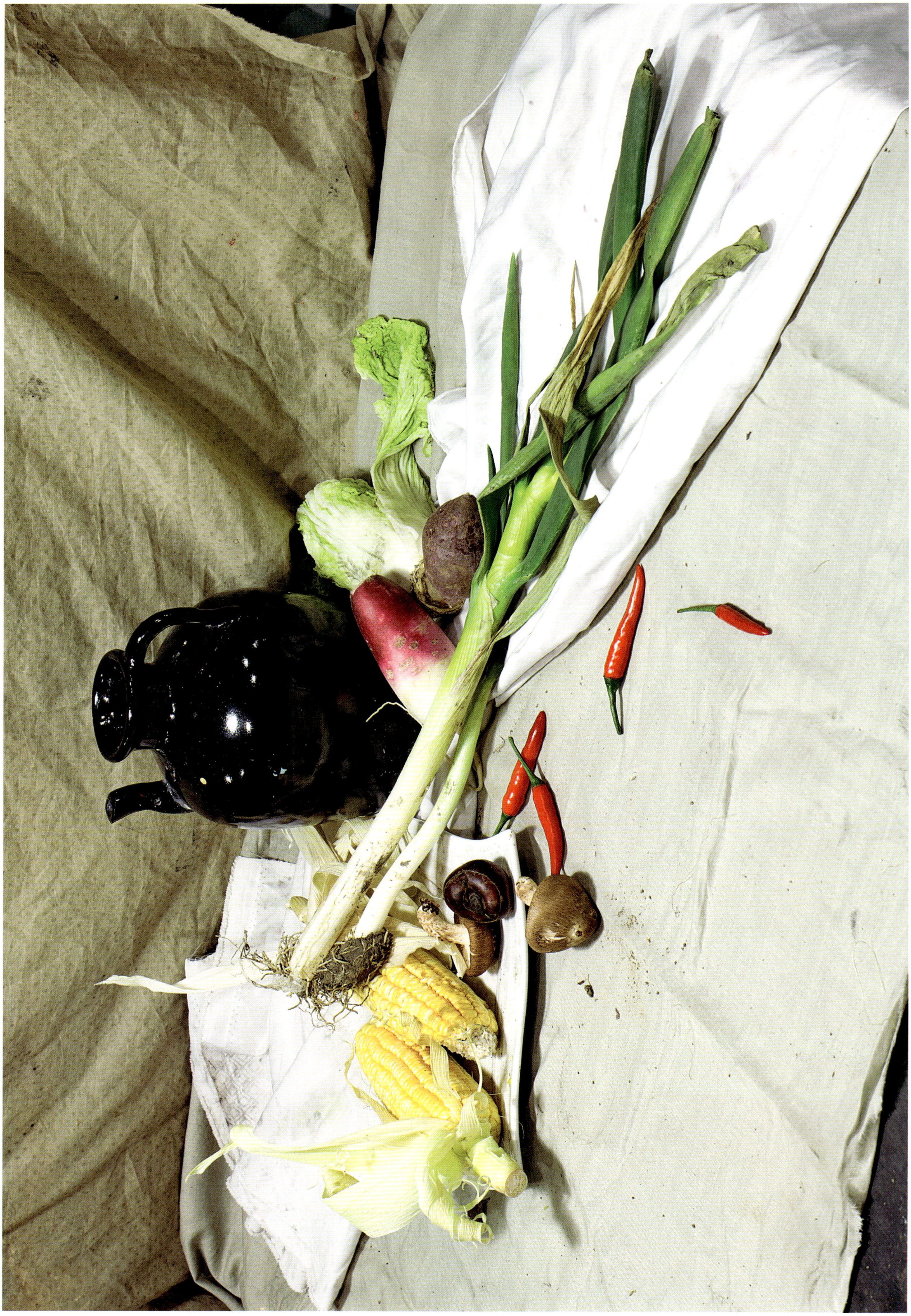

COLOR PHOTOS 实景·色彩静物 101/

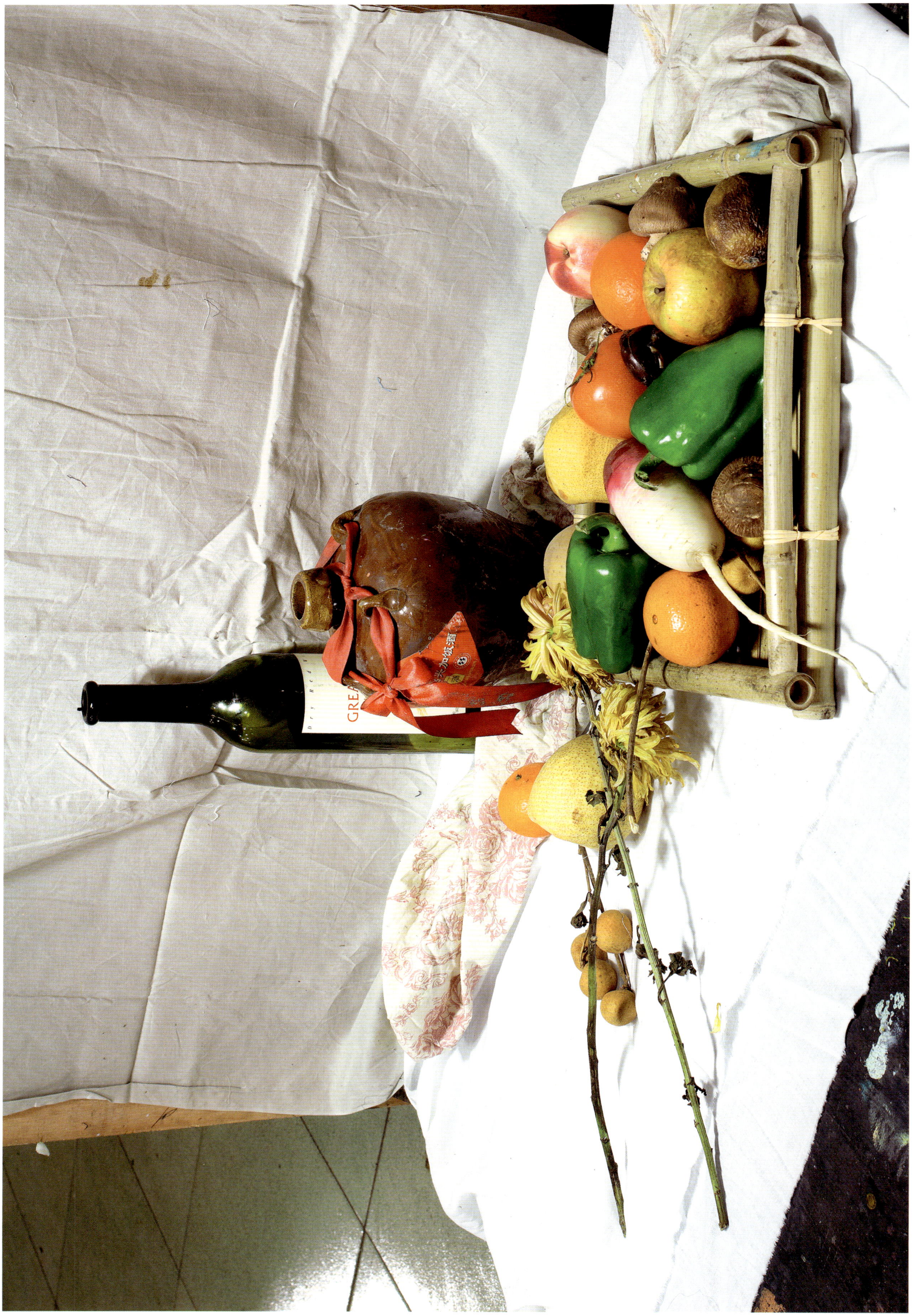

COLOR PHOTOS 实景·色彩静物 103/

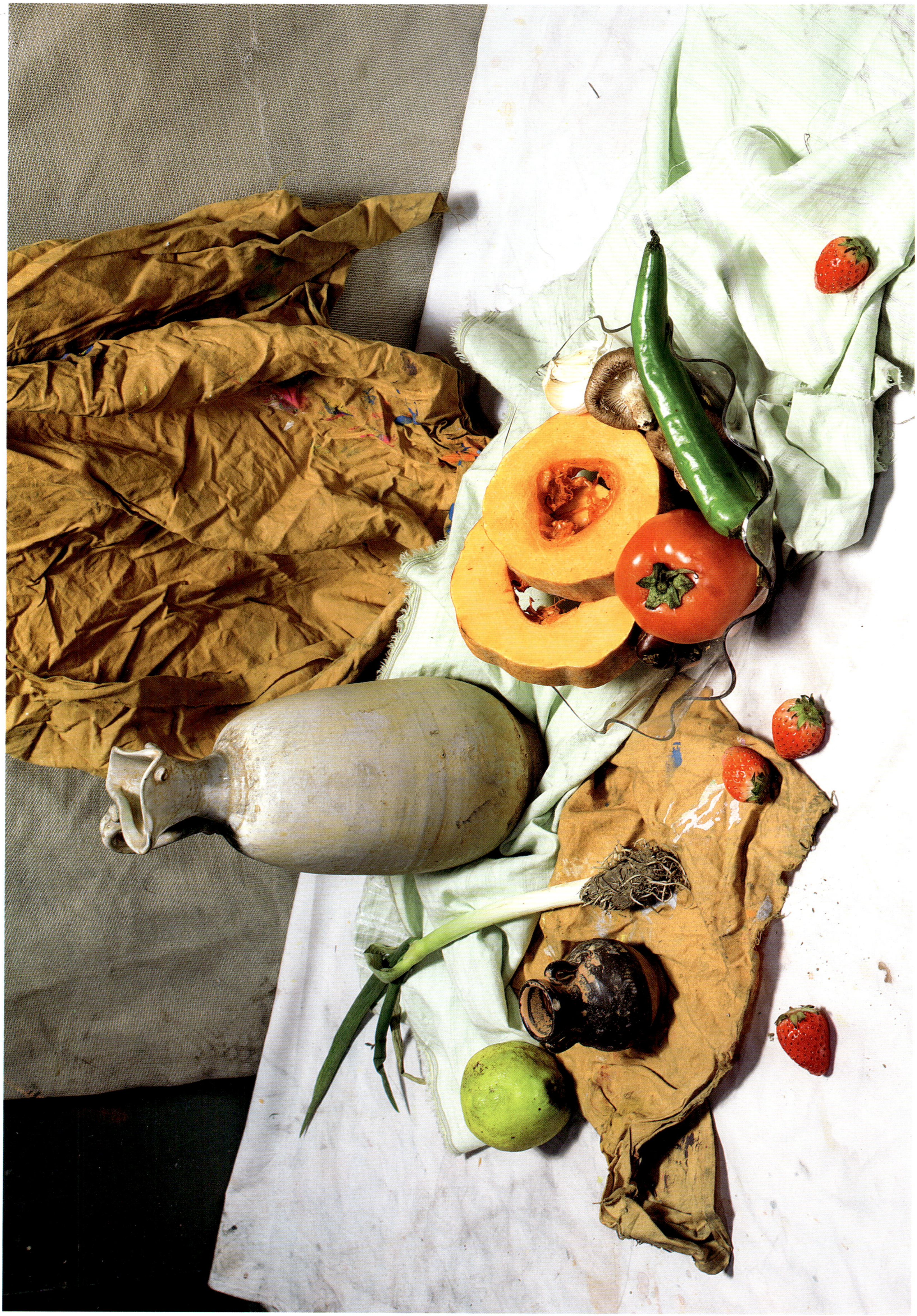

COLOR PHOTOS 实景・色彩静物 105/

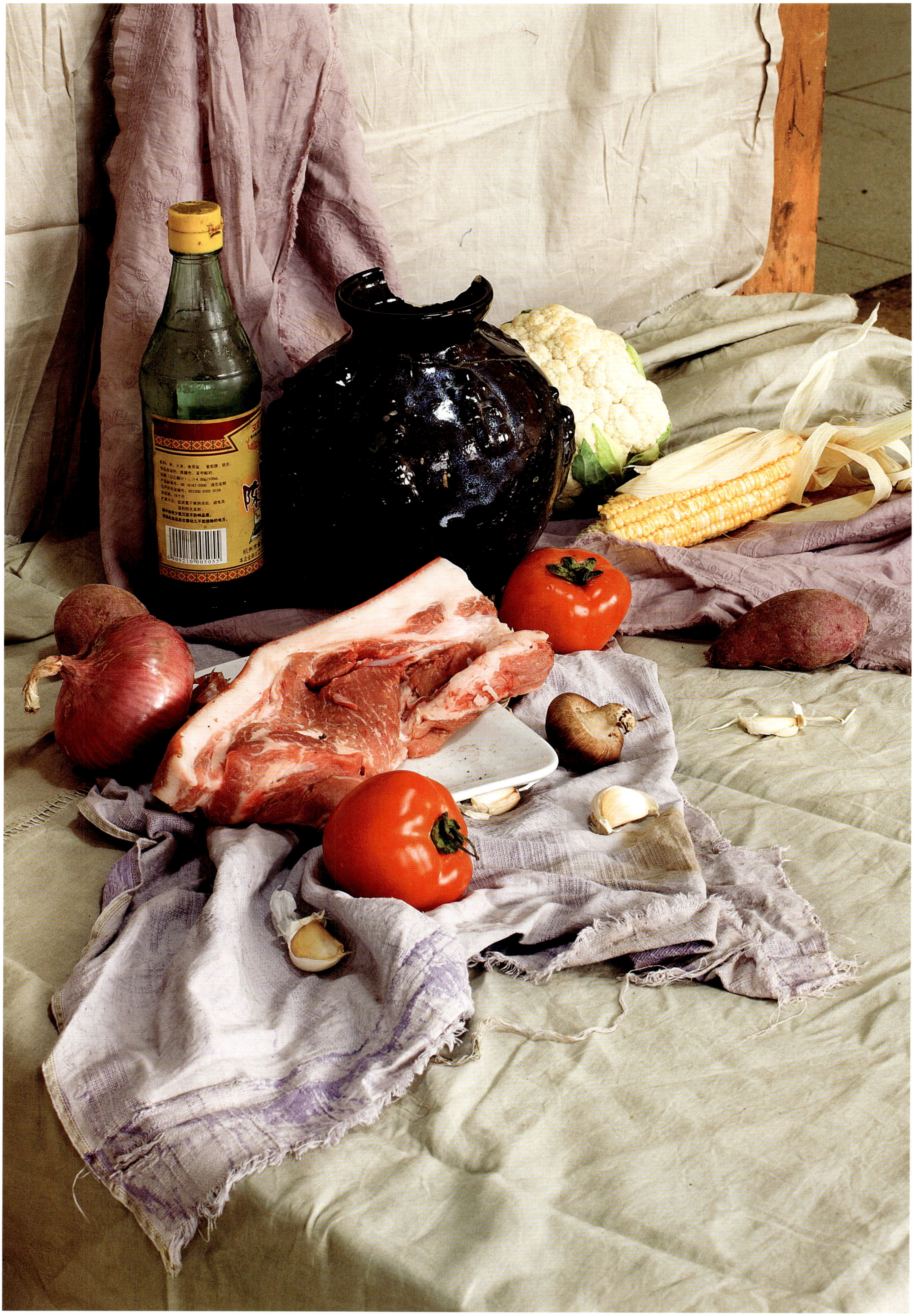

COLOR PHOTOS / 实景・色彩静物 107/

/108 实景·色彩静物 COLOR PHOTOS

COLOR PHOTOS 实景·色彩静物 109/

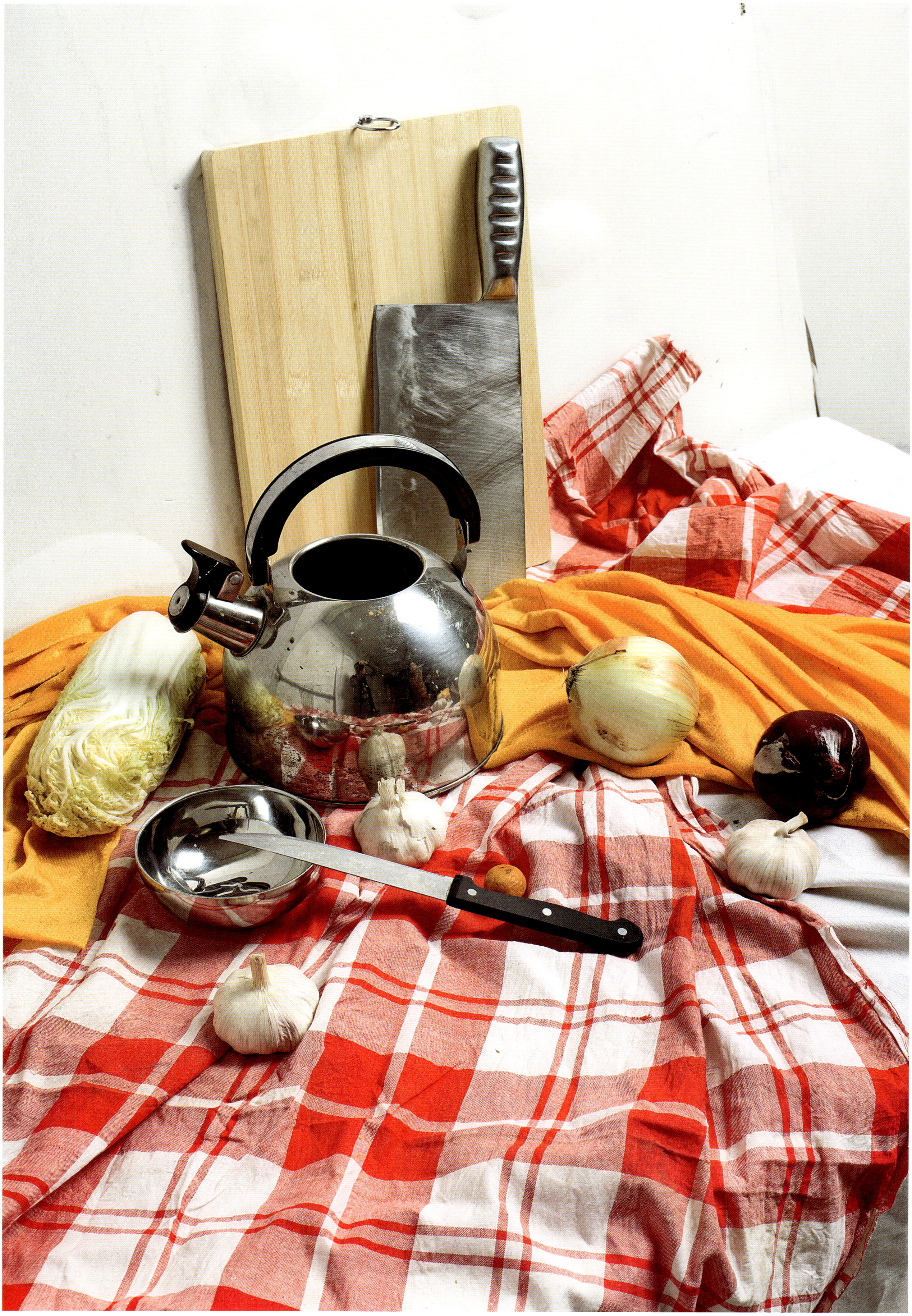

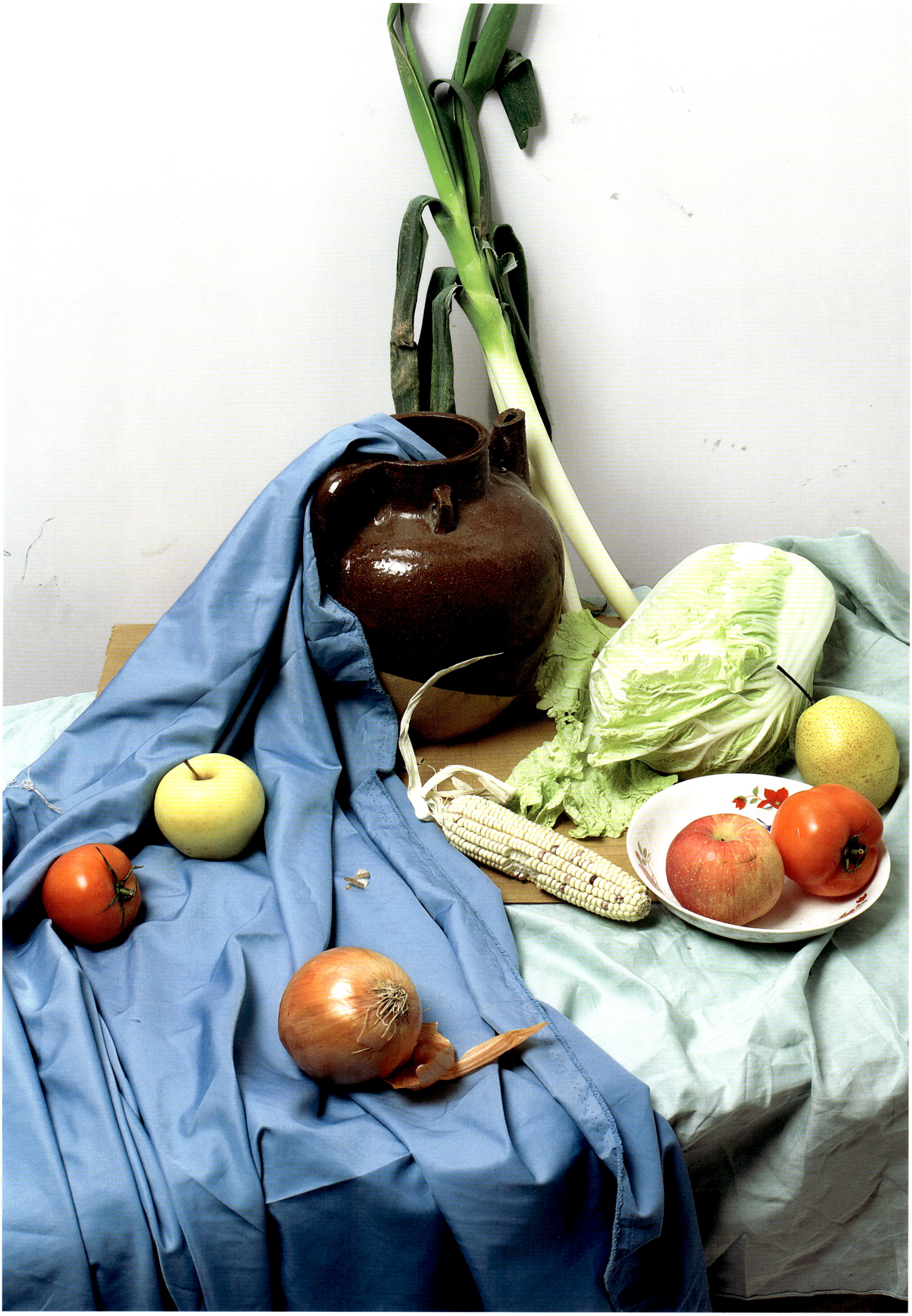

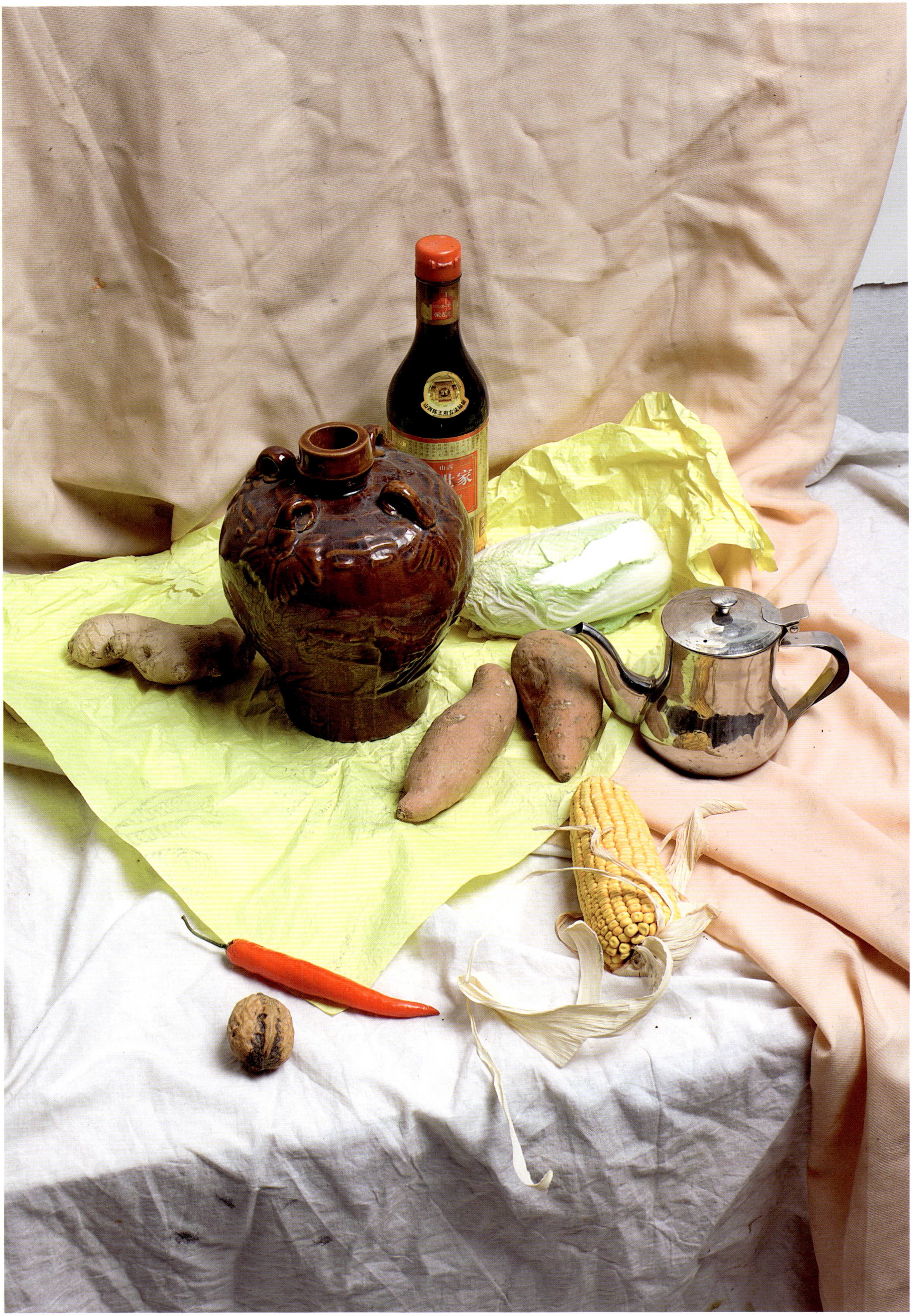

COLOR PHOTOS 实景・色彩静物 113/

/114 实景·色彩静物 COLOR PHOTOS

COLOR PHOTOS 实景·色彩静物 115/

/116 实景·色彩静物 COLOR PHOTOS

COLOR PHOTOS 实景·色彩静物 117/

/118 实景·色彩静物 COLOR PHOTOS

COLOR PHOTOS 实景·色彩静物

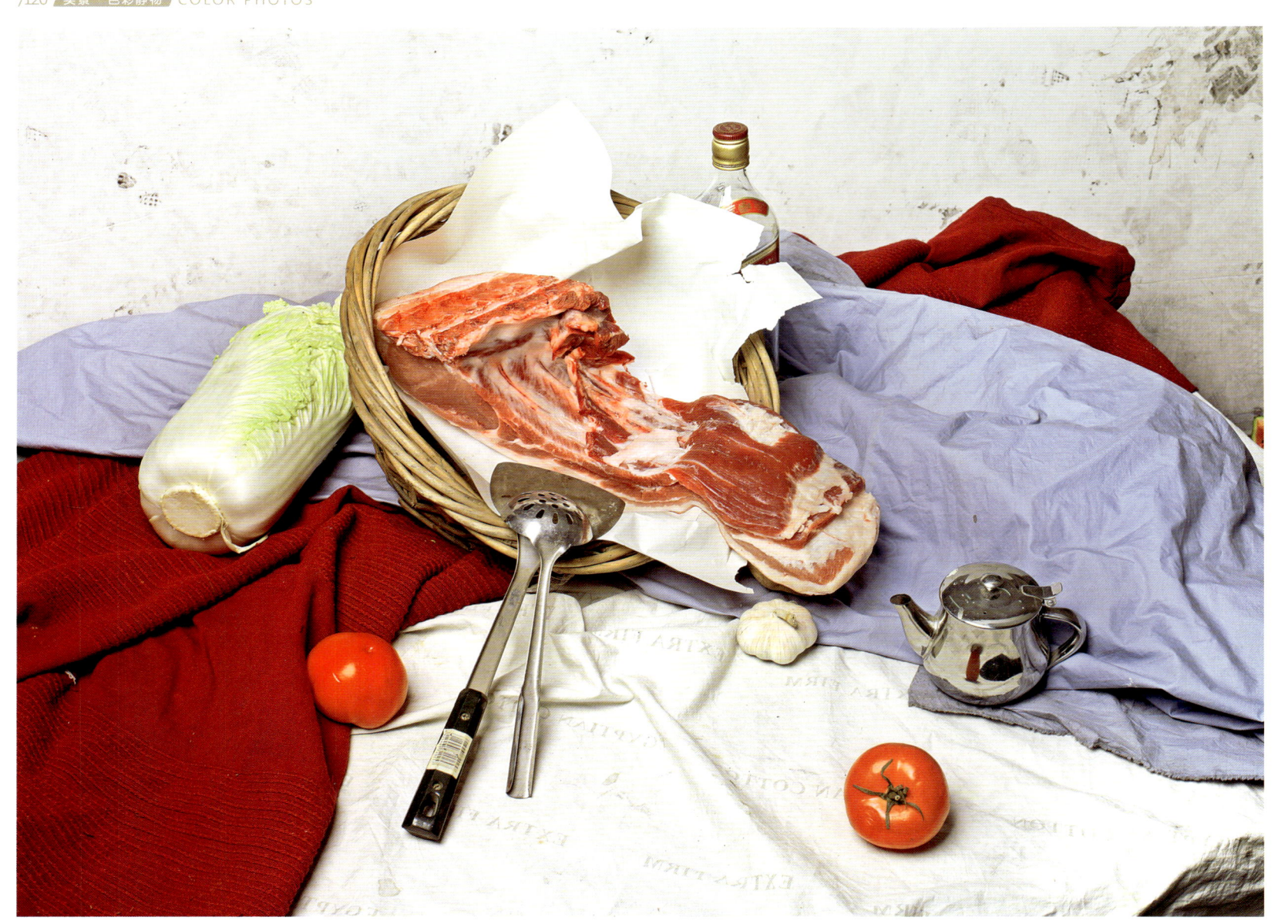

/120 实景·色彩静物 COLOR PHOTOS

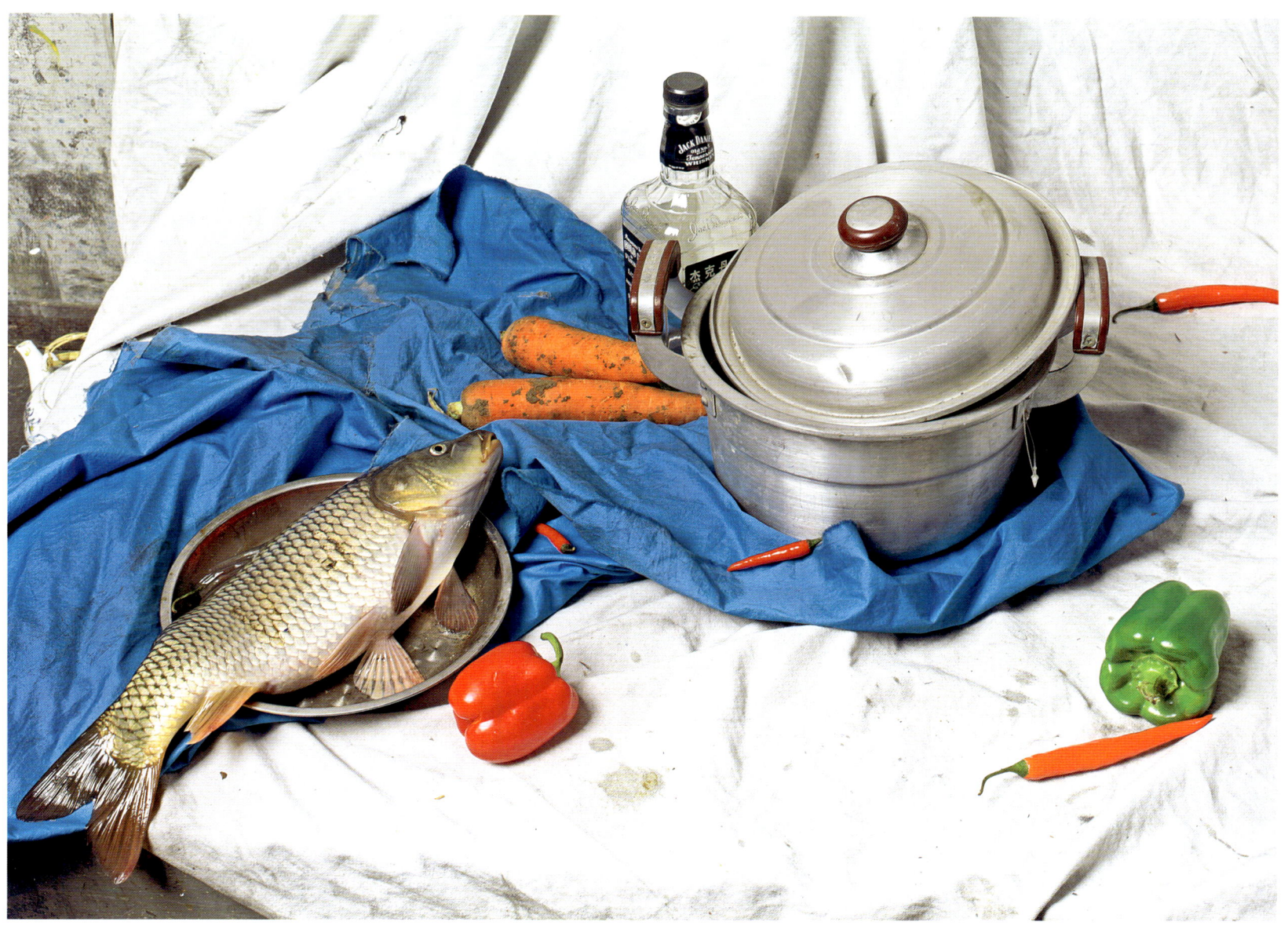

COLOR PHOTOS 实景·色彩静物 121/

COLOR PHOTOS
实践教学
STUDY ON THE SPOT

花卉类

花卉是近年考试中出现越来越频繁的题材之一，不容忽视。花卉类较之水果拥有更鲜艳更丰富的色彩，堪称绚烂夺目。花卉在画面中的出现能极大的提升画面的表现力、赋予画面灵感与美丽。同时体提升了画面的审美情趣和艺术感染力。考试中经常出现的有玫瑰、菊花、百合、月季或者干花束等大家比较熟悉的类别。

花卉难点：种类繁多、形态各异，花朵形状琐碎，枝叶繁茂等较难把握。
花卉重点：表现其色彩绚烂、怒放有力的生命；描绘时注意整体把握花卉形态。
花枝花叶是花朵的陪衬，表现时注意疏密关系表现出叶子的层次，不杂乱。枝干的表现因花卉种类的不同而有柔软或坚挺之分。

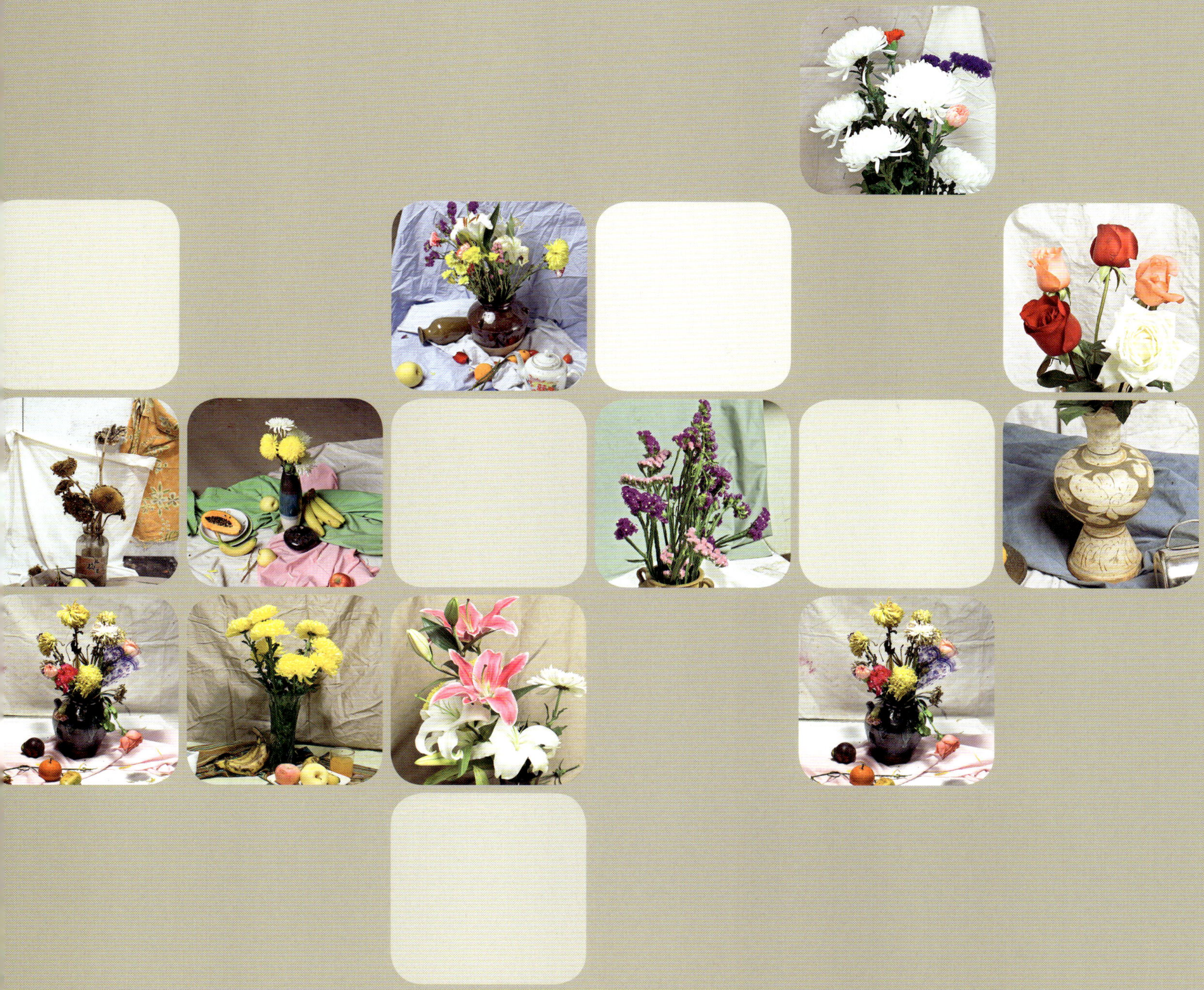

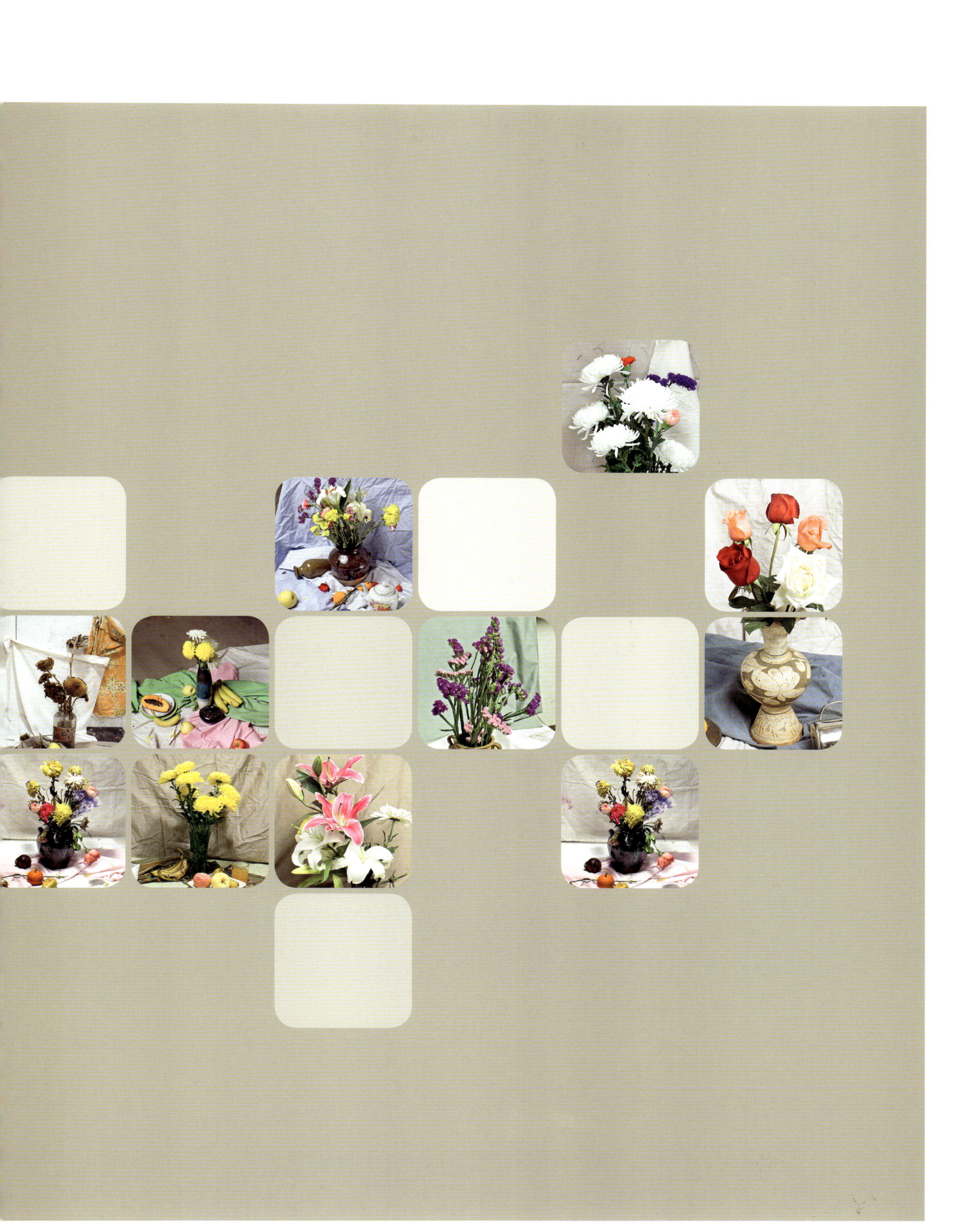

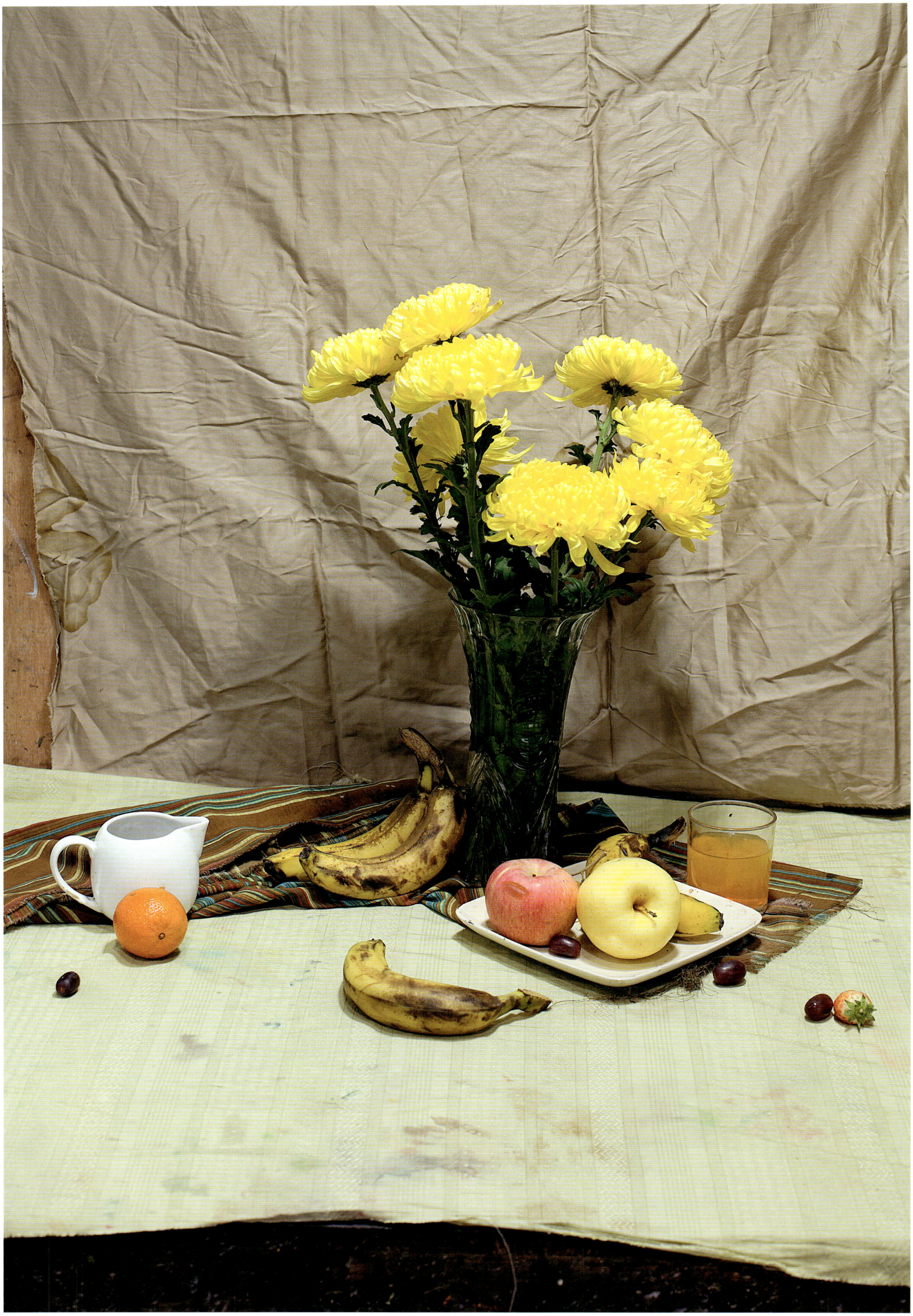

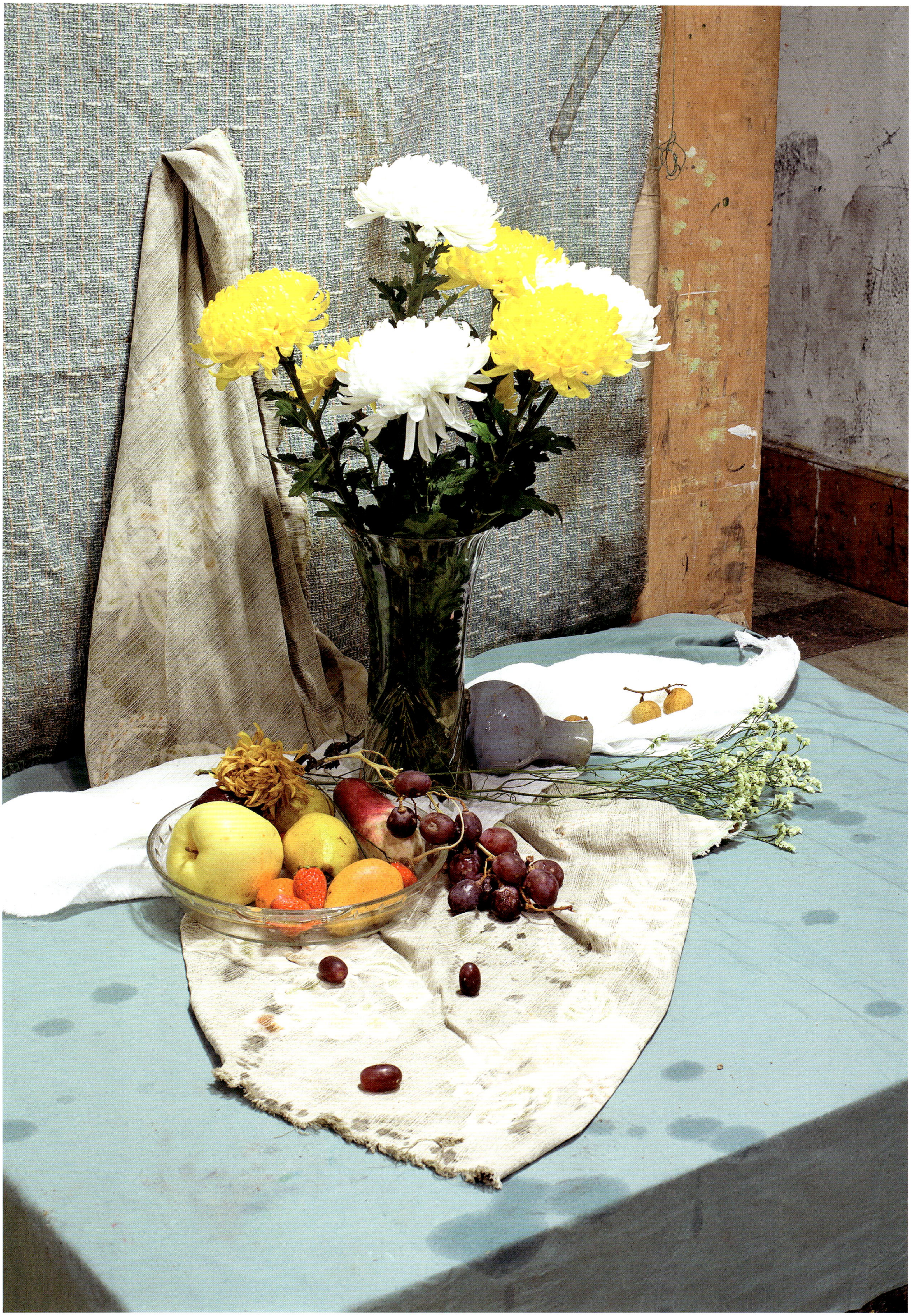

/126 实景·色彩静物 COLOR PHOTOS

COLOR PHOTOS 实景·色彩静物 127/

/128 实景·色彩静物 COLOR PHOTOS

COLOR PHOTOS 实景·色彩静物 129/

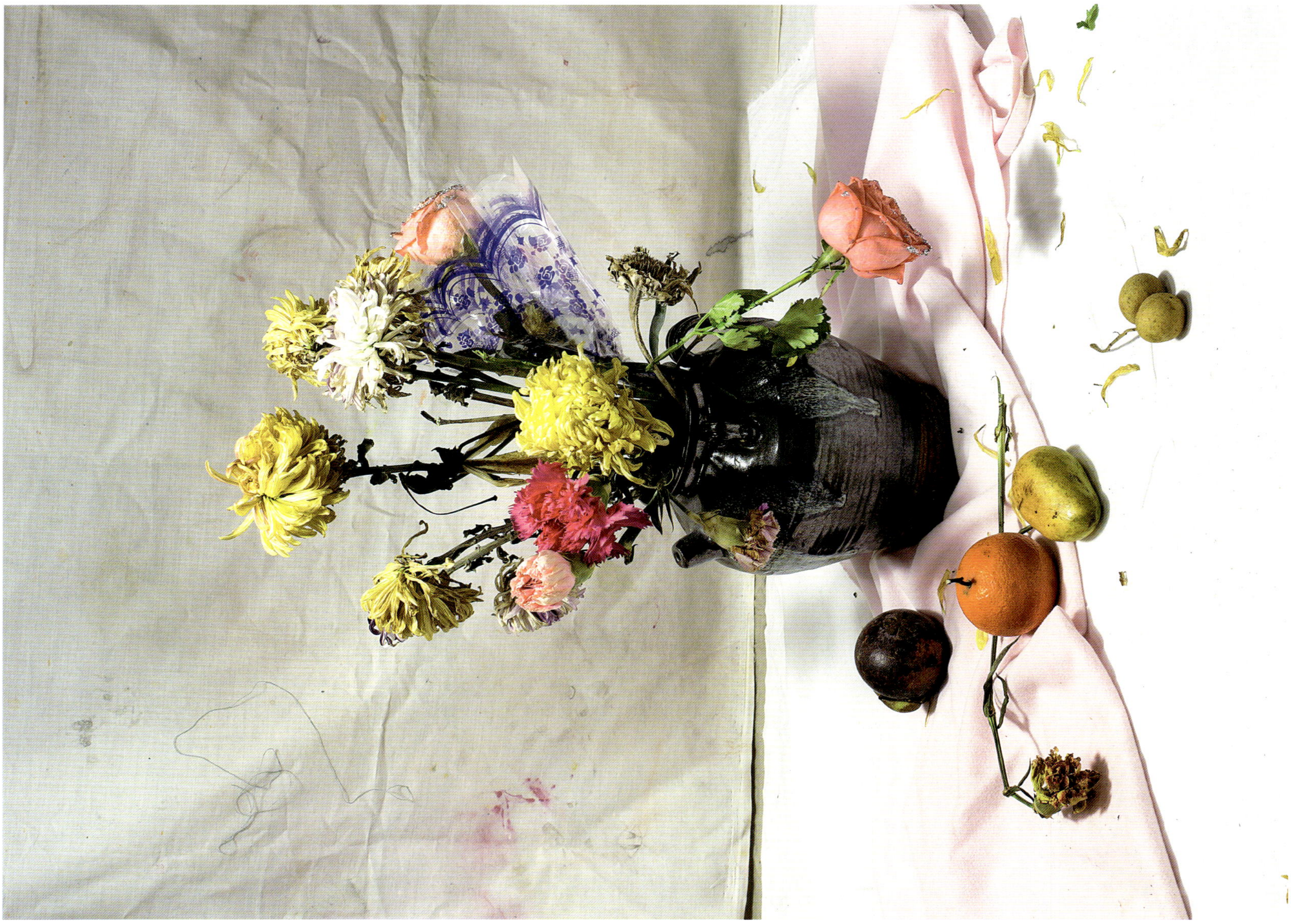

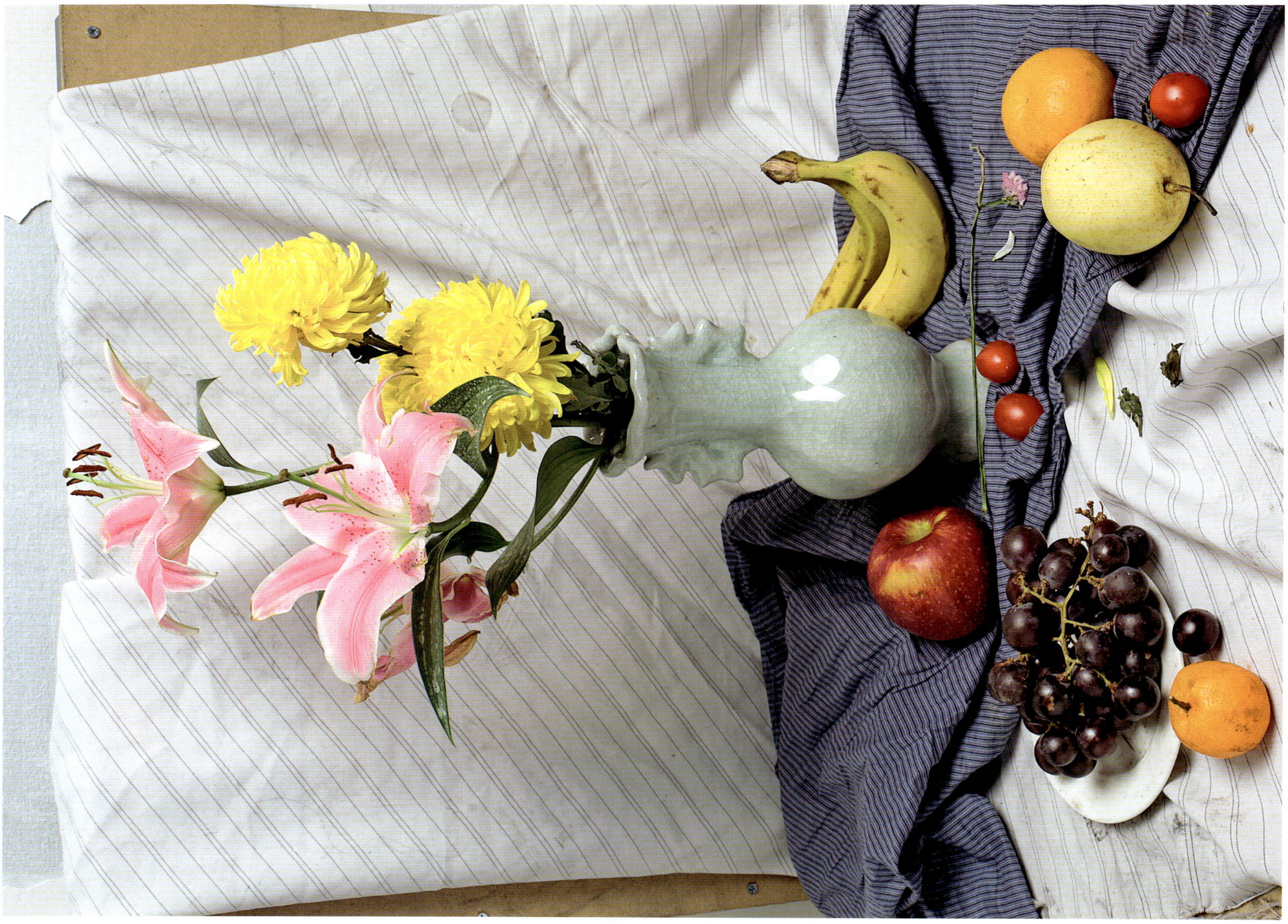

COLOR PHOTOS 实景·色彩静物 131/

/132 实景·色彩静物 COLOR PHOTOS

COLOR PHOTOS 实景·色彩静物 133/

COLOR PHOTOS

COLOR PHOTOS 实景·色彩静物 135/

/136 实景·色彩静物 COLOR PHOTOS

COLOR PHOTOS 实景·色彩静物 137/

/138　实景·色彩静物　COLOR PHOTOS

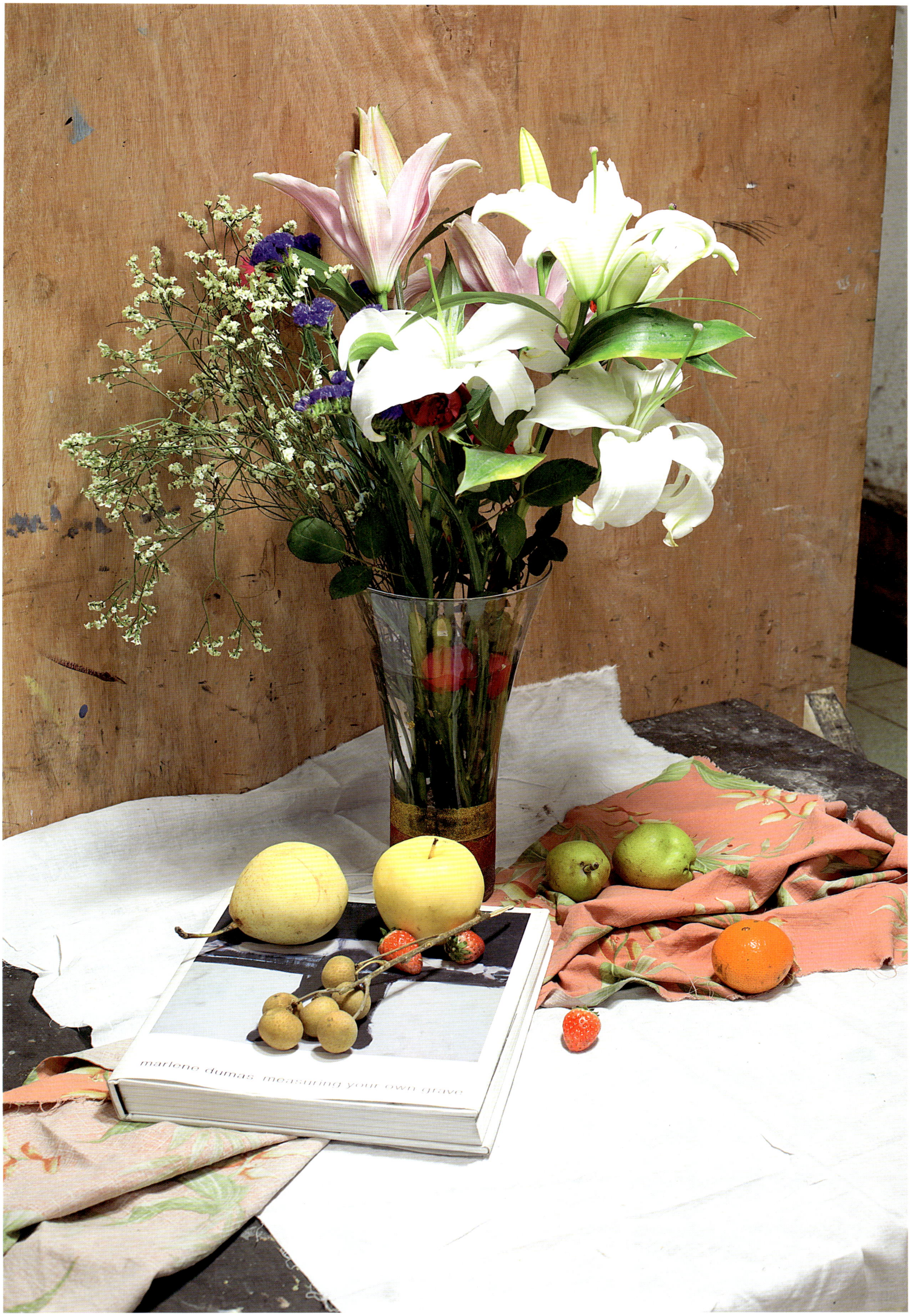
marlene dumas measuring your own grave

/140 实景·色彩静物 COLOR PHOTOS

COLOR PHOTOS 实景·色彩静物 141/

/142 实景·色彩静物 COLOR PHOTOS

COLOR PHOTOS 实景·色彩静物 143/

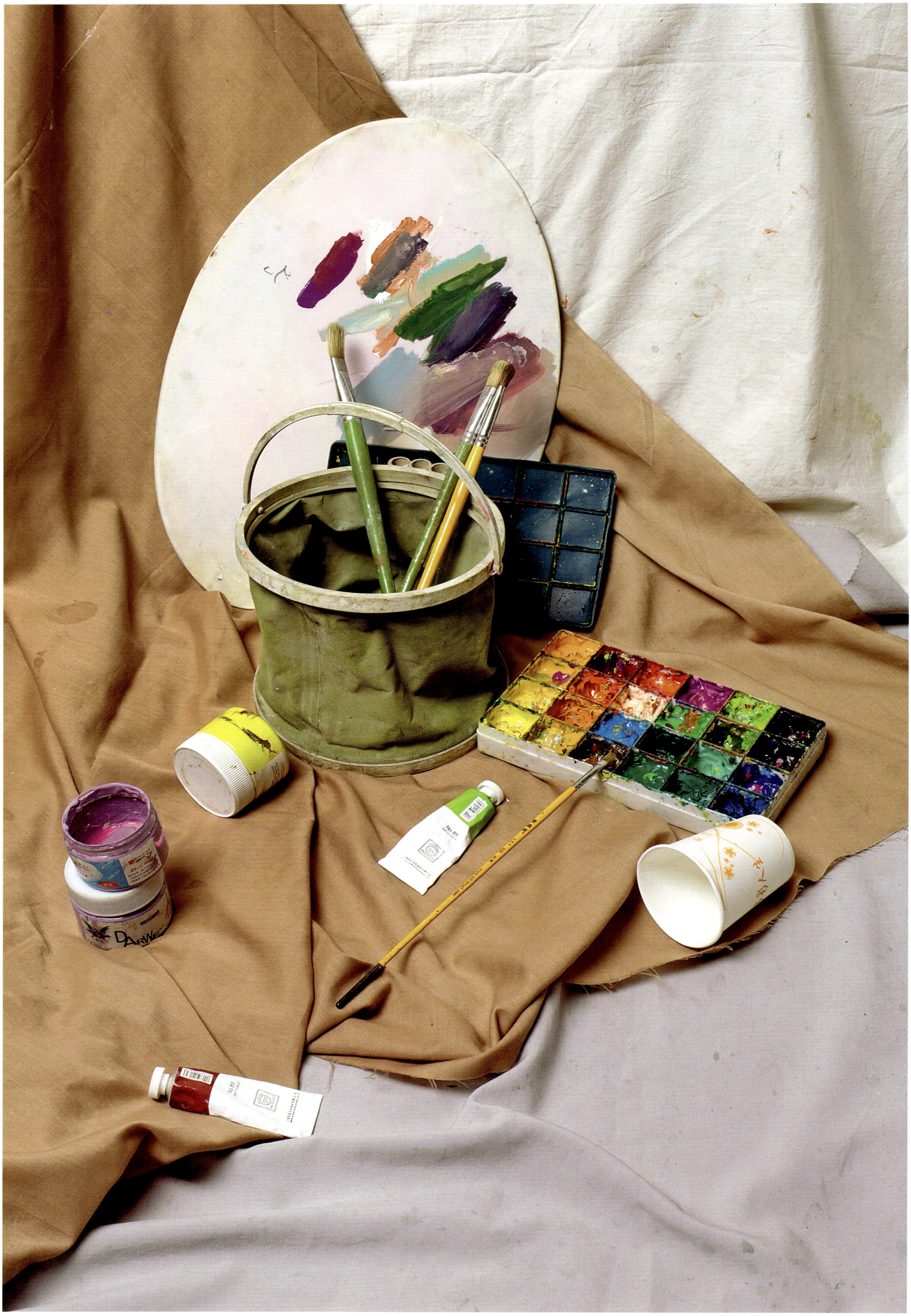

COLOR PHOTOS 实景·色彩静物 145/

/146 实景·色彩静物 COLOR PHOTOS

COLOR PHOTOS 实景·色彩静物 147/

/148　实景・色彩静物　COLOR PHOTOS

COLOR PHOTOS 实景·色彩静物 149/

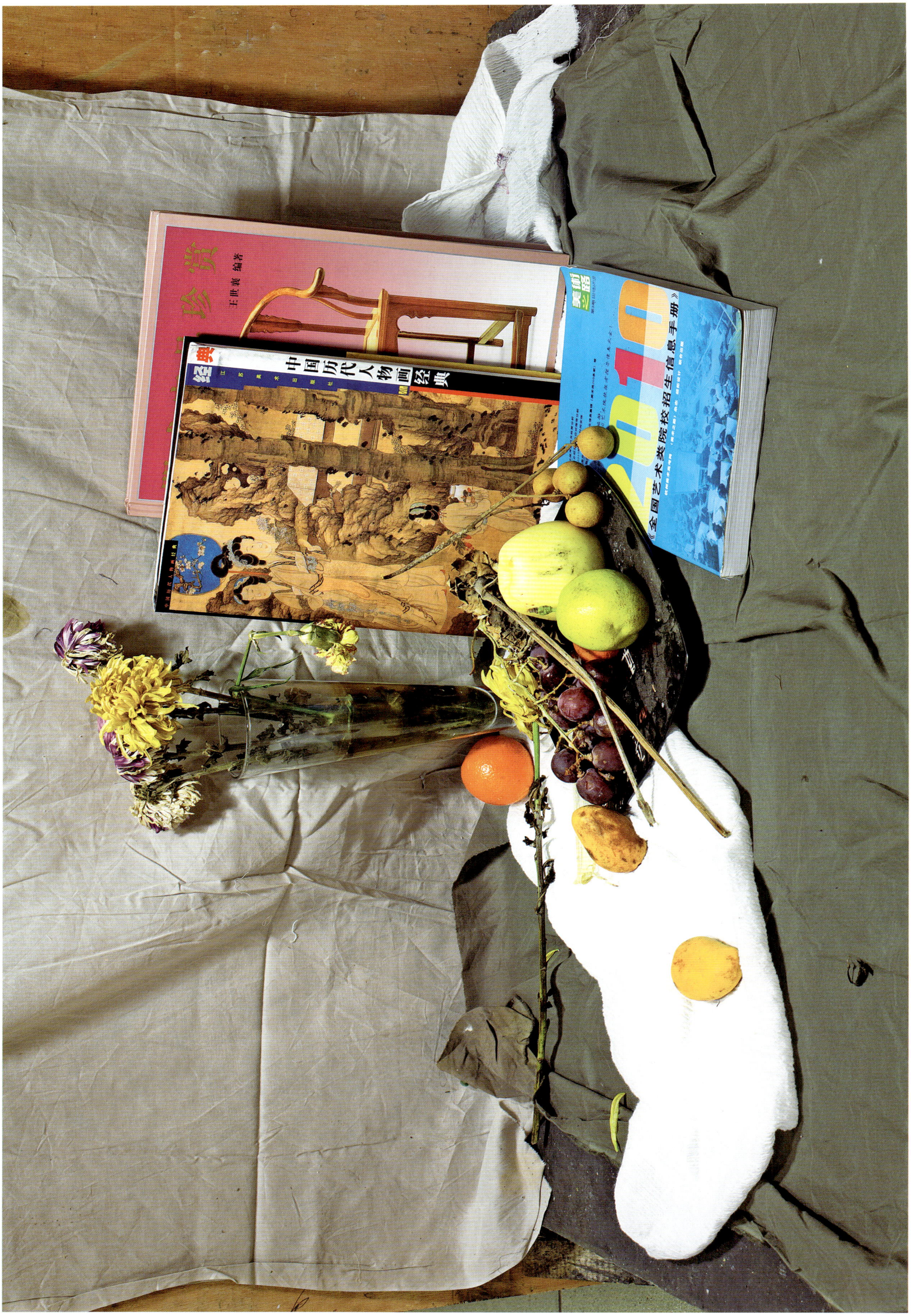
中国历代人物画经典
《全国艺术类院校招生信息手册》

COLOR PHOTOS / 实景 - 色彩静物 151/

/152 实景·色彩静物 COLOR PHOTOS

COLOR PHOTOS 实景·色彩静物 153/

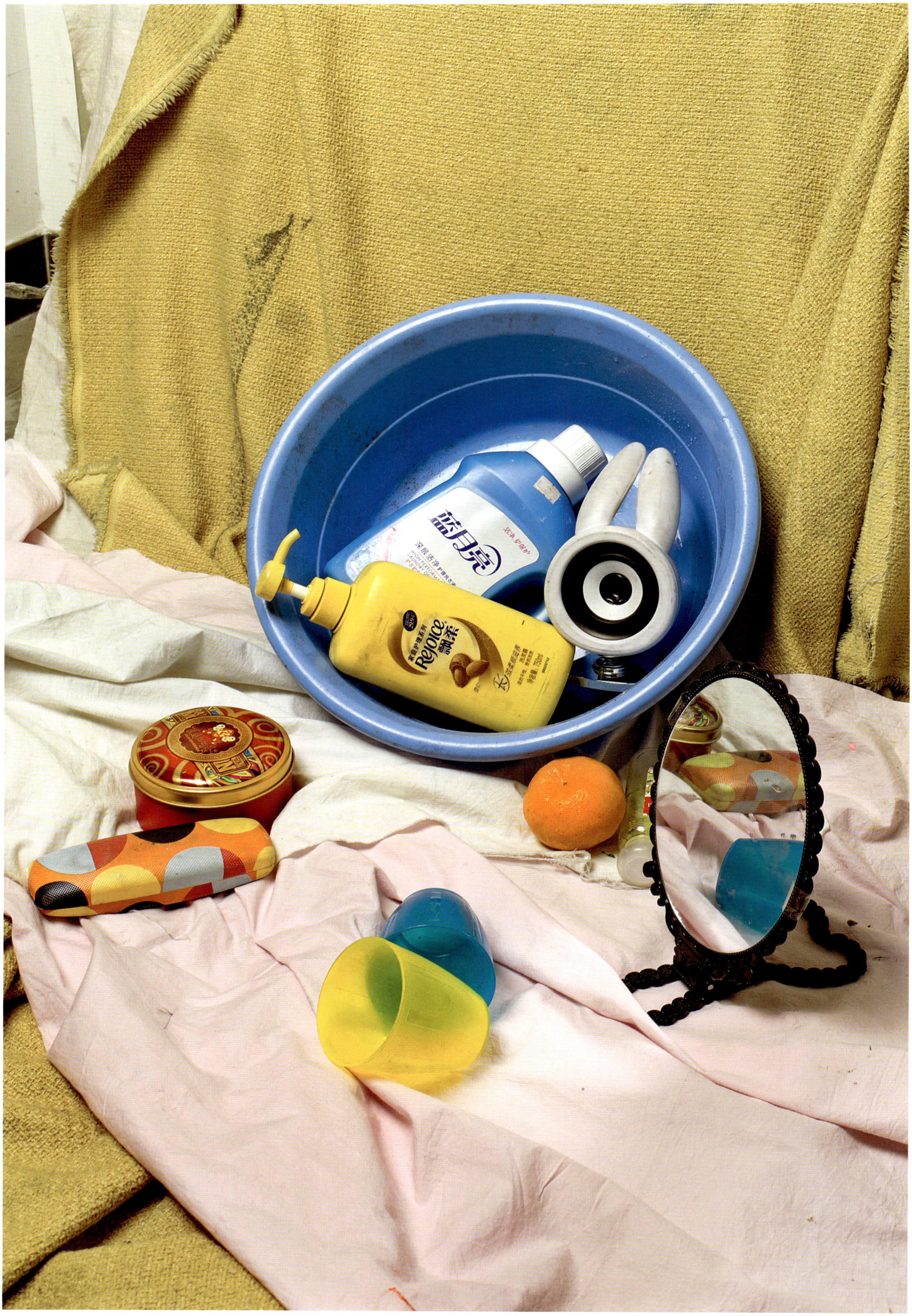

COLOR PHOTOS 实景·色彩静物 155/

第六章 默写训练

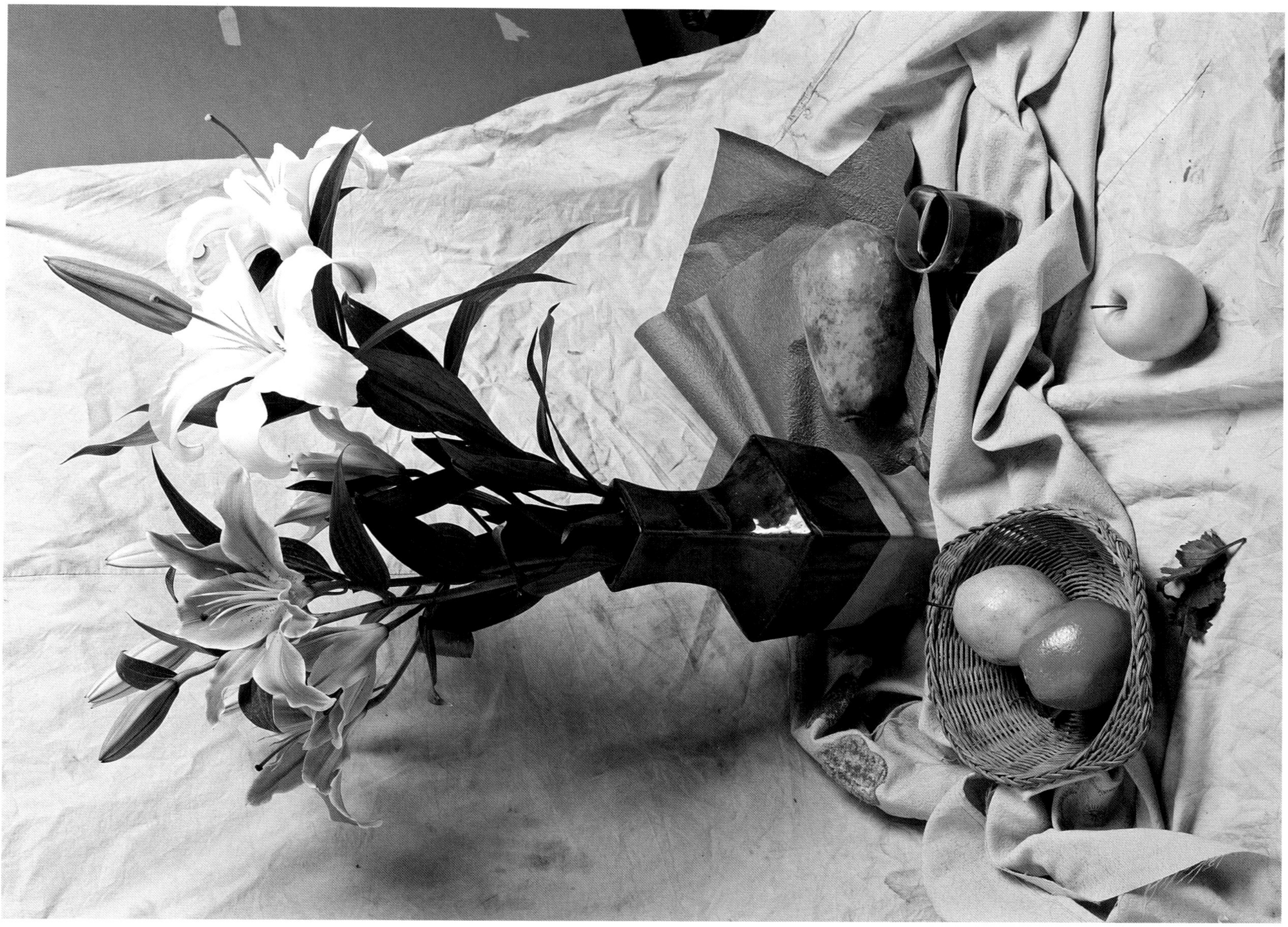

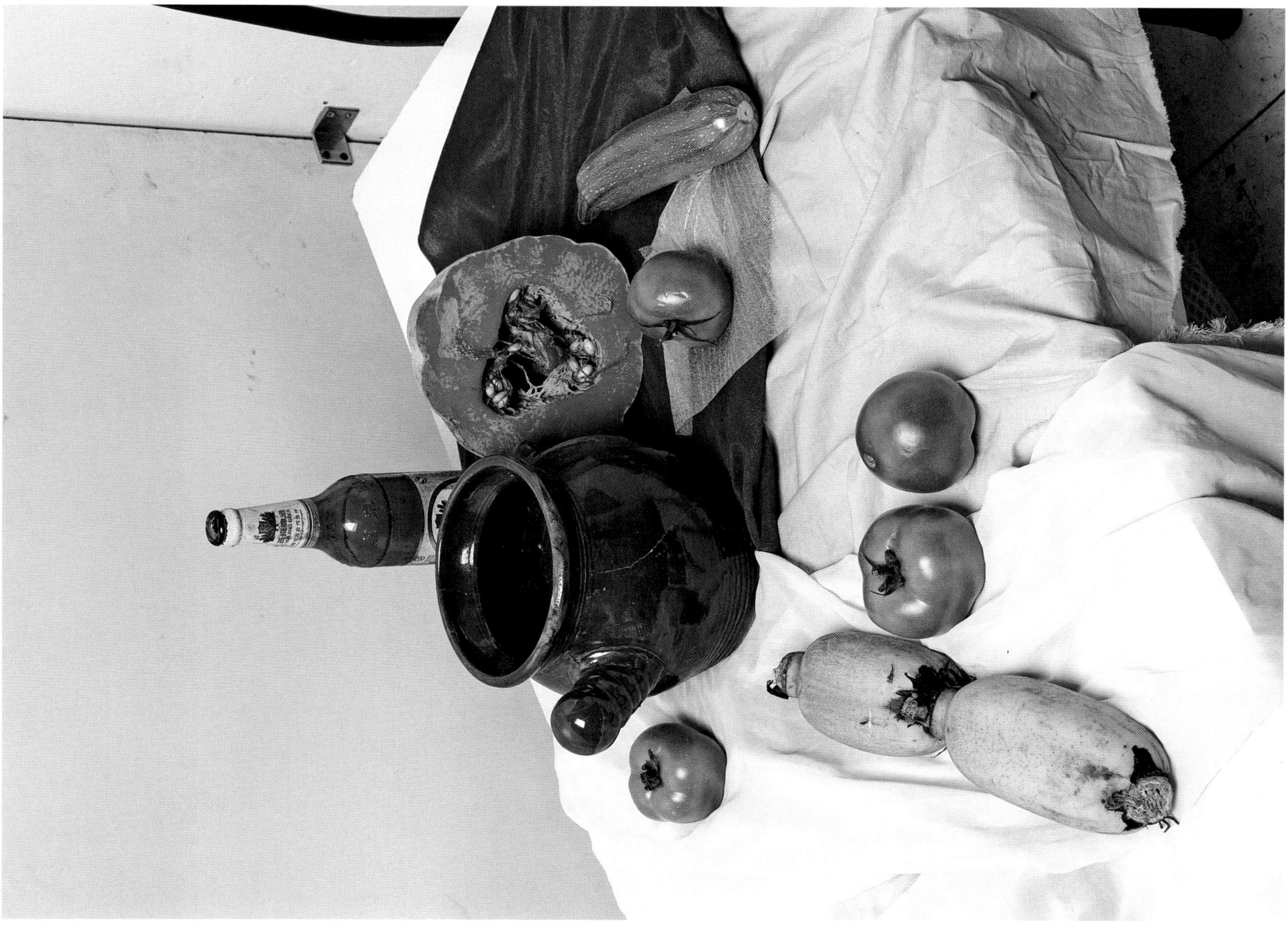

/158 实景·色彩静物 COLOR PHOTOS

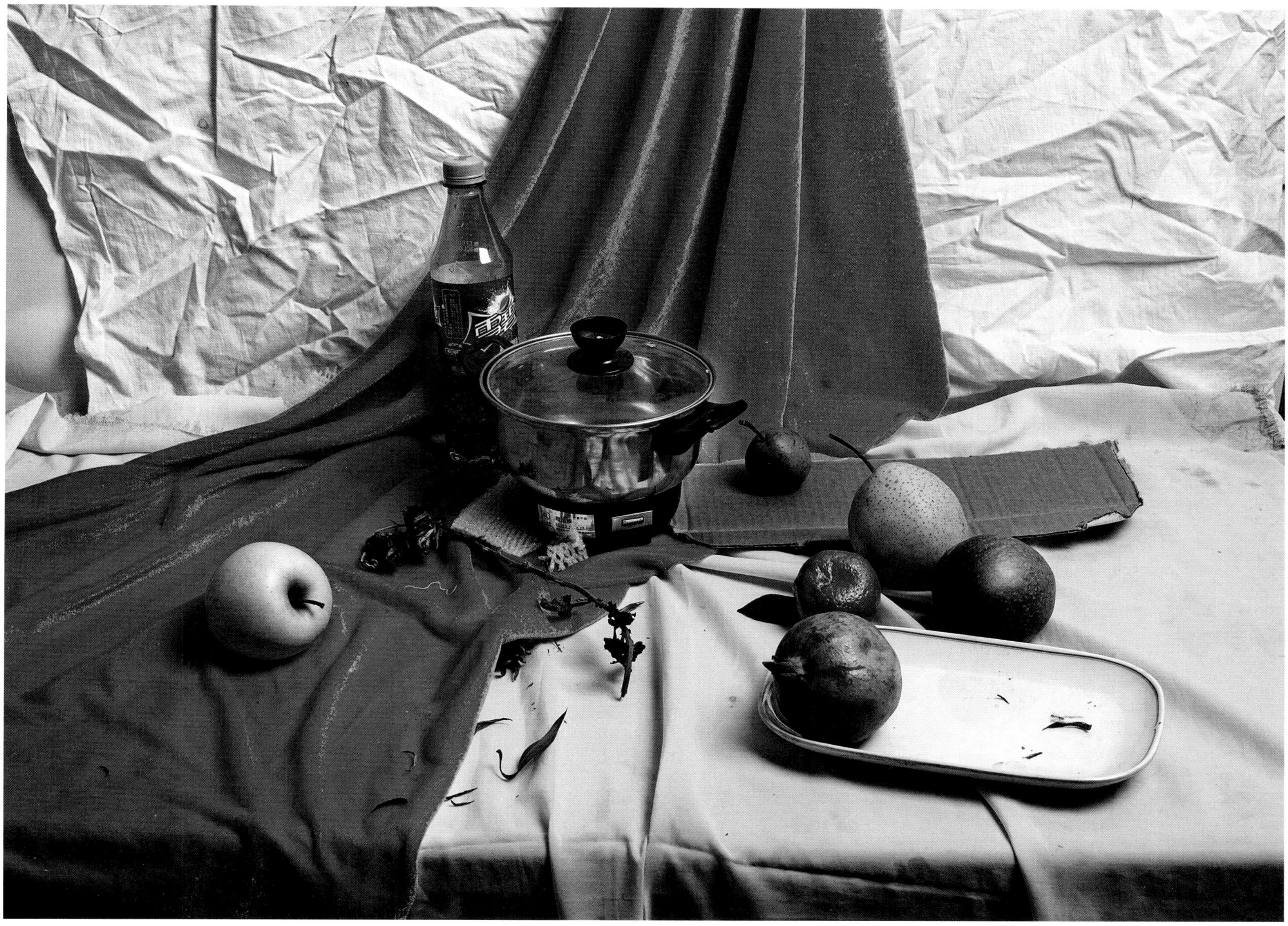

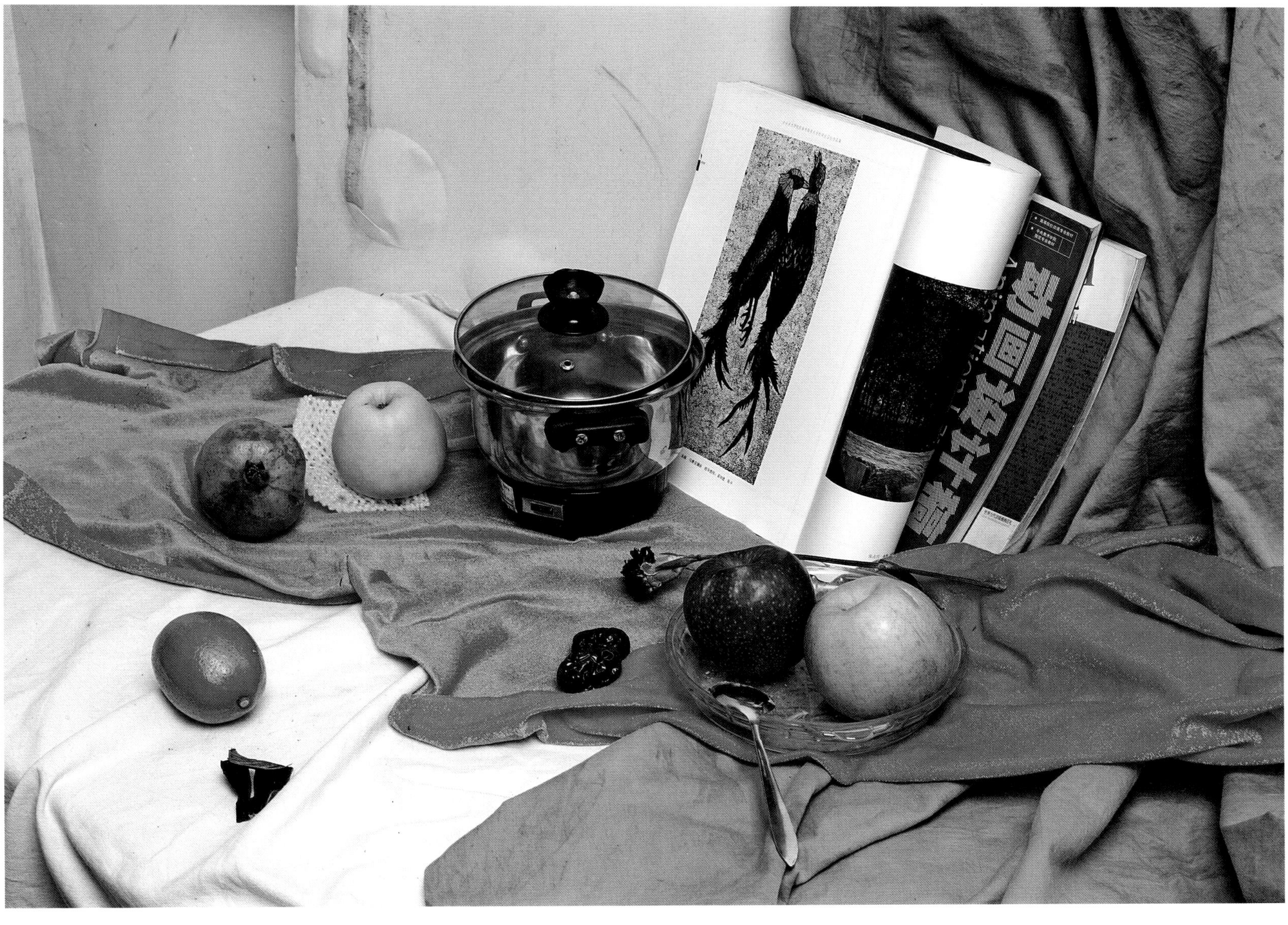

丛书策划：211图书编辑部
策划总监：陈挺挺

荣誉编委：杨叶元　寿舟丹　靳灿鹏　曾平　刁永新　禾尚　马小川　张中文　姚锴
　　　　　孙楠　韩旭　徐开旭　赵亮　谢融冰　郝春松　张星星　孙亮　魏勇　张利敏
特别鸣谢：杭州大创画室　北京水木源画室　北京深蓝画室　北京艺路画室
　　　　　北京思想者画室
采编制作：高翠霞　靖鹏

图书在版编目（CIP）数据

色彩静物 /211图书编辑部编．—重庆：重庆出版社，2012.8
（实践教学系列美术丛书/211图书编辑部主编）
ISBN 978-7-229-05561-5
Ⅰ．①色… Ⅱ．①2… Ⅲ．①水粉画－静物画－绘画
技法－高等学校－入学考试－自学参考资料 Ⅳ．① J214

中国版本图书馆CIP数据核字（2012）第187506号

色彩静物
SE CAI JING WU
211图书编辑部　主编

出 版 人：罗小卫
本书策划：刘家新　郑文武
责任编辑：郑文武　张　跃
责任校对：李小君

重庆出版集团　出版
重庆出版社

重庆长江二路205号　邮政编码：400016　http://www.cqph.com
北京市雅迪彩色印刷有限公司印制
重庆出版集团图书发行有限公司发行
E-MAIL:fxchu@cqph.com　邮购电话：023-68809452
全国新华书店经销

开本：1020mm×720mm　1/8　印张：20
2012年8月第1版　2012年8月第1次印刷
ISBN 978-7-229-05561-5
定价：78.00元

如有印装质量问题，请向本集团图书发行有限公司调换：023-68706683

版权所有　侵权必究